長期腐敗体制

白井 聡

角川新書

目次

編集協力　佐藤美奈子
図表作成　本島一宏

序章　すべての道は統治崩壊に通ず

——私たちはどこに立っているのか？

はじめに

本書は、講座の形式で、二〇一二年に成立し、現在にまで引き続いている「体制」について論じてゆきます。今から一〇年前の二〇一二年の年末には衆議院解散総選挙があり、安倍《あべ》晋三《しんぞう》氏率いる自民党が大勝を収め、野田《のだ》佳彦《よしひこ》氏を首班としていた与党民主党は下野しました。二〇〇九年の総選挙によって成立した民主党政権は、ここに終わりを迎えました。

周知のように、それ以降、自公連立政権がすべての国政選挙で勝ち続け、政権交代が再び起こる気配は、まったくなくなっています。このようにほぼ盤石で、今のところ崩れる気配の見えない権力の構造を、本書では「二〇一二年体制」と呼びます。その根拠と歴史的位置づけについては、次の章で説明します。

私も含めた多くの政治の観察者たちが戸惑っているのは、この体制の統治パフォーマンスは決して褒められたものではないのに、というよりもむしろ、統治の崩壊とも言うべきひどい水準にあるのに、なぜ退場させられないのか、という疑問のためです。

この問いに対する最も簡潔な答えは、「国民がそれを望んでいないから（ゆえに、政権与党が選挙で勝ち続けている）」というものでしょう。では、なぜ望まないのか、言い換えれば、ひどい統治をなぜ国民は拒否しないのか。

これについてはさまざまな意見があるでしょう。私の見解を述べるなら、最大の理由は無知です。多くの国民は、二〇一二年体制に見られる統治の崩壊状態の実態、それがいかに深刻であるかを真剣にとらえたことがなく、とらえようともしていない。ゆえに、何となく「他に良さそうなのもいないから」という程度の認識（本当は認識と呼ぶに値しませんが）によって、二〇一二年体制はだらしなく肯定されてきたのだ、と私は考えます。ですから、二〇一二年体制を成り立たしめているものを考えるというのなら、有権者、あるいは日本の市民社会のこのような無気力状態をとらえて分析しなければなりません。

ただし、民主党政権が迷走の末に期待外れに終わり、その後の民主党も分裂や再結集など混乱が続くなかで、「他に良さそうなのもいない」という見立てには一片の真実があります。ならば、旧民主党勢力にはもはや期待をかけられないのだとすれば、一体どんな勢力ならば腐朽した二〇一二年体制を打倒しうるのかについても考えなければなりません。以上の二つの課題には、本書の最後の部分で触れることとします。

この序章では統治の崩壊の実態について、新型コロナウイルス・パンデミックに対する日本政府の対処の「不手際」という言葉では甘すぎる、悲惨な有り様をはじめとして、いくつかの事象に触れることで、実際に統治の崩壊が起きていることを確認したいと思います。

続く第一章では、このような惨状に陥ってしまった二〇一二年体制を戦後史のなかに位置づけます。第二章では、アベノミクスを中心に、この体制の下でどのような経済政策が打たれてきたかを検証します。第三・四章では、外交と安全保障の政策が分析されます。二〇一二年体制を築き上げ、超長期政権を実現した安倍首相は、誰が言い出したのかわかりませんが「外交の安倍」などと呼ばれました。その内実を戦後の日米関係の歴史的展開を踏まえて検証します。第五章では、二〇一二年体制を可能にしてしまった今日の日本社会の状況について検討します。統治がここまで劣化すれば(しかも一〇年もの歳月をかけて)、その責を一部の政治家にすべて帰することなどできません。メディアの劣化の問題や歴史修正主義の跋扈《ばっこ》に代表される右傾化の問題については、すでに多くの文献が出ていますので、本書では移ろいやすく不透明な「普通の有権者の意識」に焦点を絞って検討してみたいと思います。

以上の構成を簡潔に述べれば、第一章で二〇一二年体制の歴史的文脈を論じ、第二章で経済政策を論じ、第三・四章で外交・安全保障を論じ、最後の第五章では市民社会について論じます。

ガバナンスの崩壊

講座で話す準備をしていると、「あの時はどうだったかな」と、記憶の曖昧《あいまい》な部分を確かめるために調べものをしたりします。そうすると、この一〇年間のさまざまなことを思い出します。その一つ一つがそれぞれにひどい。ひどいことの上にひどいことが重なっていくので、昔のひどいことを忘れてしまうのです。そう考えると、出来事を思い出すだけでも意義があるのかもしれません。しかしそれでも、単に「この一〇年間にこんなひどいことがあった」と表層現象を羅列するだけでなく、もう少しロングスパンで考えたい。今のようなひどい政治状況も、いきなり出現したわけではありません。どうしてこうなってきたのか、ということを戦後史の流れの中に位置づける作業をしたい。

統治の崩壊についてもそうです。統治の崩壊の真因は何だ、ということを知りたくなるわけです。例えば、これは菅義偉《すがよしひで》政権当時のことですが、朝日新聞の論座というサイトに牧原出《まきはらいづる》氏という東京大学教授の政治学者の論文が載っていました。その論文で牧原氏は、かなり厳しいトーンで菅政権を批判していました。コロナ対策が全然ダメじゃないか、という内容で、今の政府は統治、ガバナンスが全般的に崩壊している、と書いてありました

(「自滅に向かう政治主導と「内政の司令塔」不在が招いたコロナ対策の破綻《はたん》」『論座』二〇二一年五月八日)。

二〇一二年体制はいわゆる政治主導なるものを確立しましたが、政治主導が望ましいということは平成時代の初め頃からずっと言われていました。政治主導とは、すなわち制度疲労を起こしている官僚支配の打破だと盛んに言われた。

二〇〇九年の民主党政権の成立も、まさに官僚支配に対するアンチの心情、その打破への期待が託されたところがありました。だから民主党自身も、「官から政へ」ということを喧伝《けんでん》しましたし、いわゆる事業仕分けのような形で官僚機構との対決姿勢を演出しました。「官から政へ」は正義だと言われましたが、しかし政治主導なるものは民主党政権でうまくいきませんでした。

二〇一二年に自民党に政権が戻り、安倍・菅政権と続きますが、そこでも政治主導を強めようという路線の考え方自体は、実は民主党政権と変わりがありませんでした。そしてついに二〇一四年、内閣人事局が設立されることにより人事の一元化が制度的に図られ、上級公務員、幹部クラスの人事権を政権がほぼフリーハンドで握るようになったわけです。それはまさに、政治主導が制度的に完成したことを意味しています。その結果どうなっているかというと、統治は崩壊しています。

そこを捉《とら》えて牧原氏は、政治主導というけれど、今はその政治家がひどい、質が悪いのだ、と言います。また牧原氏は、政治主導がうまくいっていたので安倍政権も途中までは良かった、と書いています。ただ後半からおかしくなった、菅政権もひどい、と言う。そうして、官僚の能力をもっと活《い》かすべきだ、という結論を出しています。また安倍・菅政権は政治主導だと言われましたが、そもそも本当の意味で政治主導だったのか、と問うています。

そして次のような趣旨のことを書いています。中曽根《なかそね》や橋本《はしもと》、小泉《こいずみ》と違い、いまの政治家が、日本のトップエリートといわれる官僚たちがその前に出るとひれ伏さざるを得ないような、能力と見識に抜きん出て偉大かと。

もちろんそんなことはあり得ません。私の見るところ、安倍政権の特徴は官邸官僚の存在感が逆に強くなり、側近にこういう官僚がいるということがメディアでも大きくクローズアップされた点でしたが、これは異例なことだった。政権中枢の側近を務める官僚はどの政権にもいますが、そうした存在はどちらかというと黒子的で、あまり表には出てこないものです。ところが安倍政権の途中から、彼らの存在が固有名で語られる現象が顕著になりました――例えば、今井尚哉《いまいたかや》（経産省）氏や、菅政権でも重用されていた杉田和博《すぎたかずひろ》（警察庁）氏ら。こうした面々が固有名で語られるのは、異例でした。

さて、牧原氏の指摘は、要するに官僚の存在感が大きくなっただけで、安倍政権は実は政治主導でも何でもなく官僚主導だったのだ。ただ、おかしな官僚が出世をし、国家がおかしなことになっている。だから、有能な官僚がきちんと権限を与えられるようになることが望ましい、というものです。

官僚の無能・有能も、一体何をもってそれを測るかは非常に難しいところがあります。また、安倍政権のあらゆる面で政治主導がうまく機能していたとは私にはまったく思えません。ただ少なくとも私と牧原氏との間で見解が一致していると言えるのは、本来考えられていたはずの政治主導などそもそも実現されていない、実際は官僚主導であり、その結果まさにガバナンスの崩壊を迎えている、ということです。

官僚機構への激しい批判が身内から出た二〇〇〇年代

問題は、「良い官僚」が起用されれば、統治は立て直されるのか、ということです。そこで、二〇一二年以来打ち固められた権力の構造のなかで発生した腐敗の問題に言及しないわけにはいきません。

安倍政権は、モリカケ（モリ・森友学園問題。学園へ国有地が市場の評価額より極端に低い価格で売却され、しかもその金額が非公表だった。学園の理事長夫妻と安倍夫妻は親交が深く、不正取引への総理大臣の関与が取り沙汰された。疑惑発覚後、財務省は決裁文書など、公文書の廃棄や改竄していたことが判明。改竄を指示された職員が自殺した。カケ・加計学園問題。学園は「国家戦略特区」に指定された愛媛県今治市の事業者に選定され、獣医学部の新設を許可される。しかし、五二年間も獣医学部新設は認められていなかったこと、学園理事長と安倍氏が長年の友人であることは公知の事実であったことから、今治市ありきの決定で「特別の便宜」を図ったのではないかと疑惑が浮上した）・桜（「桜を見る会」問題。各界の功労者への慰労として、首相が主催するのが慣例となっていた会に首相の後援会関係者が数多く招待され、「公費の私物化」が指摘された）をはじめとして、元ＴＢＳ記者の山口敬之《やまぐちのりゆき》氏が起こした準強姦《ごうかん》疑惑事件（山口氏への逮捕状が出ていたが、逮捕が取りやめとなり、後に書類送検されるも不起訴となる。山口氏は安倍政権に関する著書があり、安倍氏とも親交があったため、便宜の疑惑が生じた）など、以前の常識からすれば政権が倒れるような醜聞を続発させてきました。

重大なのは、これらの事件、正確に言えば事件の揉《も》み消しにおいて論功行賞が行なわれたことです。森友学園事件において公文書改竄《かいざん》を指示して財務省職員の赤木俊夫《あかぎとしお》氏を自死に追いやり、国会の参考人招致では政権を守り抜いた佐川宣寿《さがわのぶひさ》氏は国税局長官の座を与えられ、山口敬之氏の逮捕状を取り消した中村格《なかむらいたる》氏に至っては警察庁長官にまで登り詰めています。

腐敗が常態化し、腐敗への関与が昇進への階梯《かいてい》となるような組織文化が成立してしまったなかで、「良い官僚」にしかるべき権限が与えられるという状況が訪れるのでしょうか。私たちは、まさにその正反対の現実を見せつけられてきました。こうした状況下で積極的に立身出世を図る官吏は、倫理面で問題があると同時に、能力的にも到底期待できない。その象徴が、官邸官僚の一人である佐伯耕三《さいきこうぞう》氏（経産省）が「全国民に布マスクを配れば不安はパッと消えますよ」と進言したことから実行された、かの悪名高い「アベノマスク」であったでしょう。

このような状況は、短期間に突然生じたものではない、と思われます。ゆえに、統治の崩壊をもう少しロングスパンで見てみる必要があるでしょう。ガバナンス崩壊の状態は、いつ始まったのでしょうか。やはり、安倍・菅政権がおかしいからそうなった、という単純な話ではないと思います。

何が起きてきたのかを考えるために、二〇〇五年に刊行された本を振り返っておきたいと思います。それは、元外交官の佐藤優《さとうまさる》氏による『国家の罠《わな》——外務省のラスプーチンと呼ばれて』（新潮社、のち二〇〇七年に新潮文庫）です。本書は大変なベストセラーとなりましたが、国家権力の内実、官僚と政治家との関係を考えるに際して今でも古びない内容を持つ、きわめて重要な作品です。

事の始まりは、鈴木宗男《すずきむねお》事件でした。検察が、当時外交族の有力者として活躍していた鈴木宗男衆議院議員を捕らえるために、その踏み台として外務省のノンキャリア出身のキャリア官僚であった佐藤氏を捕らえました。「鈴木宗男側近のこいつを適当に脅していい塩梅《あんばい》の調書を取れば鈴木の罪状が固まる」、という目論見《もくろみ》で特捜検察は佐藤氏を捕らえ、相当な尋問をした。

ところが、実はとんでもない者を捕らえてしまったわけです。佐藤氏が思うような調書を全然取らせず、鬼の特捜検事が徹底的に尋問してもまったく屈しないからです。それどころか、娑婆《しゃば》へ出た後に、自分はこんな尋問を受けた、検察はどんな捜査をやっているのかということを大変詳細に記した本を出した。とりわけ衝撃的であったのは、検察がいかに恣意《しい》的に「事件をつくる」のかということでした。佐藤氏は『獄中記』（岩波現代文庫、二〇〇九年）という別の本でも、検察官が一体どんな取り調べをしているのか、どういう考え方で動いているのかを白日の下にさらしました。

検察からすると、悪夢のようなことが起こったわけです。『国家の罠』によって「国策捜査」（政治的意図から検察が恣意的に行なう捜査であり、冤罪《えんざい》事件の温床）という言葉は日本語の語彙《ごい》に定着し、「秋霜烈日」「日本最強の捜査機関」といった広く国民に浸透していた特捜検察の肯定的イメージは、地に落ちました。

もちろん検察も役所の一つです。行政機関の一角に対する痛烈な批判が、国家公務員からなされた。佐藤氏の本でもう一つ大事なのは、佐藤氏の本属たる外務省に対しても厳しい批判がなされたことです。

『国家の罠』によれば、鈴木宗男事件の発生原因は次のようなものです。外務省は、自分たちの方針を転換する必要が生じた際に、生け贄《にえ》のような存在を求めました。その生け贄が、鈴木宗男氏と佐藤氏でした。どうやって生け贄にするかというと、彼らが罪を犯したという話にして検察に逮捕させることによってです。当時、スキャンダルを暴かれ批判を受けていた外務省はそれで膿《うみ》を出した、と対外的には言えるようになった。つまり、この事件の背景には、外務省の内紛があったわけです。主流派は、検察を使ってかつてはさんざん利用した鈴木宗男氏を追い出した、そのついでに自分も捕まったという分析がなされます。ここには激しい外務省批判があります。

この外務省と検察への批判は、極めて強く激しいものであり、かつ本質的です。佐藤氏自身は、自分は決して外務省をボロクソに言うつもりはない、と言います。自分は元々外務省職員であり、そこで働くことが国家と日本国民のためになると信じてきたのだから、ボロクソに言ったら自己否定になってしまうからだ、と。外務省、ひいては国家の罠に引っ掛けられたからといってアナキストになるわけではない、と。実際、佐藤氏は裁判の判決が出て有罪が確定し、失職が決まるまで、自ら外務省を辞めることはなく、形式的には公務員の身分のまま闘い続けました。このように外務省の存在を否定していないにもかかわらず、その内容はやはり激しい批判になっています。

ここで注目すべきは、佐藤氏のほかにも厳しい官僚機構批判、国家批判を行なうインサイダーが続発するようになったことです。一時期は佐藤氏の上司でもあった孫崎享《まごさきうける》氏は、外務省を辞めた後、日本外交全般に関するかなり激しい批判を展開することになります。あるいは、イラク戦争に反対して外交官を辞めた元レバノン大使の天木《あまき》直人《なおと》氏も、日本外交の根本に対して全面的な批判を繰り返しています。

外務省関係者だけではありません。経済産業省の現役官僚である中野《なかの》剛志《たけし》氏は、現役であるにもかかわらずTPP（環太平洋《たいへいよう》パートナーシップ協定）を激しく批判して一躍有名になりました。あるいは経産省を辞めた古賀《こが》茂明《しげあき》氏は『日本中枢の崩壊』（講談社、二〇一一年）という本を書いて、日本の真ん中がメルトダウンしている、という議論を展開、以後も厳しい政権批判を展開しています。経産省には、現役官僚でありながら小説の形式で日本の原発政策の危険性を暴露した、覆面作家の若杉冽《わかすぎれつ》氏もいます。また、文部科学事務次官を務めた前川喜平《まえかわきへい》氏も、加計《かけ》学園の実態を暴露して以来、厳しい政権批判を続けています。司法関係者もいます。元裁判官の瀬木比呂志《せぎひろし》氏は『絶望の裁判所』（講談社現代新書、二〇一四年）という本を書いていますが、そこで提示されている裁判所の実態はまさに「絶望」的です。あるいは、東京地検特捜部に勤めた経験もある郷原信郎《ごうはらのぶお》氏も、今日では検察批判、政権批判の急先鋒《きゅうせんぽう》の一人となっています。

これらの面々の展開している国家や官僚機構への批判は、「もっと頑張れ」といった批判ではなく、古巣（中野氏や若杉氏の場合はその時の所属先）を根本から否定するような激しい批判です。かつ興味深いのは、彼らが「今の官僚機構ってこれこれこうだからダメだよね」「その通りだね」と、同じような立場から批判しているのでは全然ないことです。

今名前を挙げた人々は全員、政治的にはそれぞれ異なる立場をとっています。したがって考え方や価値観には、かなり距離があります。私の知る限りでは、意気投合するどころかお互いに快く思っていない場合も多々あるようです。にもかかわらず、今の日本国家、官僚機構への批判の激しさにおいては、同じ程度に激しいのです。これら続出した内部告発者たちは、他の点ではまったく意見が合わないのに、今日の日本国家が根本的に病んでいる、という点では見解が一致している。そのような現象が現れ始めたのが、二〇〇〇年代半ば頃です。統治の崩壊が顕在化し始めたのは、この頃なのではないかと思われます。

エリートがしっかりすれば国がうまくいくわけではない

私はそうした様子を見ていて思いました。ひょっとして、日本国家の中枢が崩壊しつつあるのではないか、と。その印象が強まる中で二〇一一年に3・11が起きます。

この大災害、とりわけ未曾有《みぞう》の原発事故のもたらしたショックについて、私は『永続敗戦論――戦後日本の核心』（太田出版、二〇一三年。のち二〇一六年に講談社＋α文庫）で書きました。その要点は、この惨事によって「平和で繁栄した戦後民主主義の日本」の幸福な物語に対して、破滅的な「否」が突きつけられてしまった、ということです。

原発事故で何よりもショッキングであったのは、緊急事態が発生すると、経産官僚であるとか東京電力の幹部であるとか、原子力の専門家の学者であるとか、それまで「エリート中のエリート」だと見なされ、敬意を払われてきた人々が、これほどまでに無能・無力・無責任であったことが明らかになったことです。

もちろん、あの状況下で華麗に事をさばくことなど誰にもできなかったでしょう。しかし、私たちが最も辟易《へきえき》させられたのは、これら「エライ人たち」の姿から滲《にじ》み出てくるオーラのようなもの、彼らの一挙手一投足に表れる精神態度における腐りきった何かではなかったでしょうか。命をすり減らして収束作業に取り組む現場の名もなき人々とは対照的に、「爆発」を「爆発的事象」と呼ぶような下らない言葉遊びをする政治家、原子炉がメルトダウン寸前のときに海水注入を躊躇《ためら》う東電の幹部——こういった人たちの姿を通して、この国のエリートの本当のところ、その値打ちが明らかになりました。

そして、原発事故が露呈させたものの深刻さゆえに、その過酷な現実を見たくないという否認の欲望が日本社会を満たすようになります。「何も深刻なことは起きていない、私たち日本人は今までどおり豊かで幸福なんだ」、と。このショックに対する反動形成、否認の欲望の体現者として安倍政権が成立していきます。

しかし、どれほど懸命に誤魔化したとしても、誤魔化しは誤魔化しでしかありません。これから見てゆくように、安倍政権以降、いよいよ誤魔化しに誤魔化しを重ねる統治手法はその程度を増して、統治の崩壊という状態にまで到達しつつある、ということです。そう考えると、優能な官僚が出てきて「国はまた立て直せるよ」と言って励ます、映画『シン・ゴジラ』（庵野《あんの》秀明《ひであき》総監督、東宝、二〇一六年）は、不健全なファンタジーだと思います。いい加減そういう考えをやめない限り前途は開けません。誰かが救いに来てくれるという都合のよい幻想は捨てなければなりません。

第二章で、アベノミクスとは何だったのかについて検討しますが、アベノミクスの特徴の一つは、エリート主義的な政策だったことです。日銀には、エリート中のエリートが集まり、その人たちが一生懸命考えてやっていることだから間違いないはずだ、といった権威を社会から与えられている。それに対して「そのエリートがきちんとしていないから日本経済はこんな体たらくになっていて、社会も停滞しているんだ」、というのがアベノミクスを発明したリフレ派経済学者の説でした。

この説を初めて聞いたとき（アベノミクスが始まるずっと前のことです）、私が抱いた疑問は、エリート（しかもそのごく一部）に一国の社会を自由自在に左右する力などあるのだろうか、というものでした。確かに全般的な傾向としては、エリートがきちんと行動すればその国は良い方向に向かい、エリートが間違いを犯せばおかしなことになる、と言えるかもしれません。しかし、エリートの下す決断には即効性のないものがたくさんありますし、エリートがしっかりしていてもうまくいっていない国は現にいくらでもあります。

例えばロシアです。ロシアは古典的と言いますか、実にインテリらしいインテリがたくさんいる国です。ソ連が崩壊したときは、大学の先生も一気に生活が苦しくなり、家庭教師をしたりして糊口《ここう》をしのぐような状態へと追い込まれました。私が見聞きした限りでは、「学問なんてこりごりだ、俺は金儲《もう》けに走るぞ」という行動をとって、見事にビジネスマンに変身したインテリもいくらかいたようでしたが、しかし多くの知識人はそうした行動はとりませんでした。そういう様子を見るにつけ、ロシアの知的エリートは、プライドの高い、本当の知的エリートとして存在しているのだな、そういう国なのだな、と思わされました。その意味では、ロシアのエリートはしっかりしています。けれども、だからといってロシアが国全体としてうまくいっているかというと、それはまったく別次元の話です。

こういうわけで、エリートがしっかりすれば国がうまくいくという考えはあまりに短絡的ではないかと私には思えます。同じように、官僚機構の中枢部さえしっかりしていれば国をまた立て直せるといった考え方からは、いい加減に脱却しなければいけません。そうすると究極的には、なぜ今日の日本は、統治の崩壊と言うべき状況にまで陥ってしまったのかを、社会全体の問題として考えていかなければいけない、と私は考えます。

日本のコロナ対策――官僚制の宿痾と政治主導の不在

そして、統治の崩壊の現実をあらためて突きつけたのが、新型コロナ・パンデミックによる危機でした。もちろんこの危機は現在進行中であり、いつ終わるのかはまだ誰にもわかりません。

基本的な事実を確認しておきましょう。この新型コロナは、今はその正体がわかっていない何らかの理由・要因により、東アジア系の諸民族にとっての病原性・毒性が欧米人に対するそれよりも低いと見られます。この正体不明の要因、特に日本人に特有なものを、山中伸弥《やまなかしんや》氏らは「ファクターX」と呼んでいます。ただし、ウイルスは変異するので、この要因が今後も機能するかどうかはわかりません。つまり、東アジアの諸国民は、この新型コロナ・パンデミックにおいて、相対的に有利な立場にいます。この要因を勘定に入れると、日本の新型コロナ対策は、その犠牲者数は欧米や南米の諸国に比べると大変少ないように見えますが、東アジアでは劣等クラスであると言わざるを得ません。つまり、日本の新型コロナ対策は、迷走を続け、失敗しています。

結果的に言って、二〇一二年体制の主役の交代は、コロナ禍をきっかけとして二度も繰り返されました。言い換えれば、新型コロナが二人の総理大臣の首を飛ばしました。これは他国に類を見ない現象です。この過程で何よりも異様であると言うべきは、政府首班が変わっても医療崩壊が繰り返され、対策のための総合的な体制が、パンデミックの始まりから二年以上を経てもいまだに確立されていないことです。

細かい点については日本のコロナ対策について論じた専門的な書物を参照していただきたいところですので、ここでは最も根本的な問題を指摘したいと思います。私の知る限り、日本のコロナ対策が迷走を続けている最大の理由は、官僚機構の機能不全と、その機能不全を解消しなければならない責務を本来負っている政権の無能です。

今次の危機に対して直接的に対応する役割を負っているのは厚生労働省ですが、二〇二〇年二月に確認された、クルーズ船ダイヤモンドプリンセス号内での大感染から今日に至るまで、同省はただの一度もまともに機能しているとは言えません。同省で対策を取り仕切る医系技官たち（ならびに同省と深い利害関係を持つ専門家たち）は、新型コロナは空気感染するという事実をなかなか認めず、ＰＣＲ検査は抑制するべきだというデマを流布しました。どちらも世界の常識に反する、完全に非科学的な振る舞いでした。

こうした振る舞いはさすがに四方八方から批判を受け、空気感染の事実やＰＣＲ検査の拡充の必要性を認めるようになったものの、これらの間違った方針の悪影響はいまだに尾を引いています。感染拡大が起きるたびに「蔓延《まんえん》防止等重点措置」（いわゆるマンボウ）や「緊急事態宣言」が発令されましたが、これらは実質的には飲食店を狙い撃ちした営業規制として機能しています。しかし、空気感染が主な感染経路だとわかった以上、飲食店だけを規制することに科学的根拠などないのです。行動規制を対策の中心とするならば、飲食店だけでなくもっと広範囲の業種や活動に規制をかけなければ筋が通らないし、社会経済活動をコロナ禍の下でも原則的に継続させるという方針を採るのならば、換気設備の導入を奨励・援助した上で、飲食店への規制を行なうにしても、それはもっと抑制的でなければ筋が通りません。つまりは、科学的合理性に基づく対策をやっているのではなく、一度非科学的に下された決定を官僚主義的な惰性で引きずっているのです。

ＰＣＲ検査をめぐる状況は、より一層馬鹿げています。そもそも、コロナ禍の下、「ＰＣＲ検査を増やすべきか否か」などというテーマの論争が起きた国が日本以外に一つでも存在するとは、寡聞にして知りません。なぜなら、かかる論争は完全に馬鹿げており、無意味だからです。金メダル級の馬鹿と言えるでしょう。

現在の厚労省は、さすがに屁《へ》理屈を並べ立てて「PCR検査を増やしてはいけない」と宣伝するキャンペーンは止めましたが、初期にこの方針が採られたせいで、いまだに検査件数、検査容量は大幅に不足しています。本年の一～三月にかけての大流行に際しても、都市部を中心に、「症状が出ているのに検査を受けられない」との声が充満し、所によっては検査陽性率が一〇〇%をマークしました。こんな数字が出るということは、検査件数がまったく足りていないこと、大量の陽性者を見逃していることを意味します。とすれば、毎日発表される新規感染者の数もほとんど意味をなしていないことを意味します。この悲惨な状況も、一度下した決定の誤りを正面から認めて方針を大転換できない、官僚制的かつ日本的な病理の産物です。

このように官僚制がその宿痾《しゅくあ》をさらけ出しているときこそ、いわゆる政治主導が求められます。しかし現実には、それを実行できる能力も意思も、二〇一二年体制の指導者たちにはありませんでした。もちろんそれは当然のことでもありました。本書で検証するように、衆愚を恃《たの》んで「やってる感」を演出することのみによって自らを維持してきた権力が、本物の危機に遭遇するや否や、突然本領を発揮して、有能かつ公正な仕方で事に当たる、などということが起こるわけがありません。

こうした視点から見ると、ＰＣＲ検査の不足に関して高まる批判に直面した安倍晋三首相が、二〇二一年五月四日に「目詰まりがある」と認めた発言は象徴的でした。まさにこの「目詰まり」を解消するのが、政治家の、総理大臣の仕事にほかなりませんが、それができなかったので、安倍氏は総理の座を降りることとなりました。

そして首相は菅義偉氏に交代。菅氏については、大号令を掛けて遅れていたワクチン接種を大々的に加速させたことの功績は認められるべきでしょう。また、この遅れは、前任者、すなわち安倍氏の失策によるものであり、菅氏はその尻拭《しりぬぐ》いをさせられたという点も想起しておくべきかと思います。

しかし、菅氏も右に述べてきた、日本のコロナ対策の構造的欠陥に手を付けることはありませんでした。菅氏に首相が交代した時点では、新型コロナウイルスの挙動や諸外国の取り組みの情報もかなり蓄積されてきていました。にもかかわらず対策の実質的な司令塔は無能をさらした医系技官たちに相変わらず委《ゆだ》ねられたままで、新しい知見を活かしてコロナ対策の体制を全般的に刷新し、より合理的で効果的なものとする姿勢は見られませんでした。その結果が、二〇二一年夏の大流行、「自宅療養」という名の自宅放置・医療崩壊であり、総選挙を前にして菅政権は著しく支持率を低下させ、退陣に追い込まれました。

かくして、岸田文雄《きしだふみお》氏が二〇二二年体制の相続者となりました。岸田氏の幸運は、首相就任直後の総選挙の時期に、新型コロナ感染の波が退《ひ》いていたことです。しかしながら、この好運を岸田氏はまったく活用することができませんでした。活用する術《すべ》を知らず、知ろうともしていなかったのでしょう。対策の司令塔となる専門家群の総入れ替えをはじめとした抜本的な体制の刷新を図ることはなく、PCR検査の拡充すらも口先だけでした。その必然的な結果として、二〇二二年一月から始まったオミクロン株による感染の波の高まりは、またしても医療崩壊を引き起こし、死者数においてデルタ株によるそれを上回る被害を出しています。

このように何が起きても何も学ばないことの能力において、二〇二二年体制の指導者たちは天才的であることを証明したのでした。

腐敗した衰退途上国

このように、日本のコロナ対策は国民のあいだに強い不満を醸成してきたわけですが、カネは大量に使われてきたのです。二〇二一年一月二九日付『産経新聞』（元は共同通信配信記事）によると、計上された国家予算の対コロナに関連した経済対策の金額（ドル換算で二兆二一〇〇億ドル）は、世界二位だそうです。世界一位の支出はアメリカで、四兆一三〇億ドルです。多いと思いますが、アメリカの人口は日本の約二・六倍程度です。このように日本の対策予算は巨額でした。

翌年に繰りこされた額も多かったとはいえ、その大金を何に使ったのでしょうか。日本円換算で二四三・一兆円ですが、ＧｏＴｏキャンペーンに約三兆円の予算をつけました（七〇〇〇億円の残）。一方で、ワクチン開発に当てられたのは約三〇〇〇億円です。笑うしかありません。ちなみに、アメリカのワクチン開発と生産体制の整備には補助金一九二億八三〇〇万ドルが拠出されています。そして結果的に、実際にアメリカでは各社が開発に成功し、実用化に至っているわけです。当然それは利益も出しているはずです。塩野義製薬のワクチンももうすぐできるという話がありますが、「これだけの予算で、一応できるのか」と感動すら覚えます。予算は巨大なのに、使われ方のピントがずれていると思います。

ここで当然浮かんでくる疑念は、コロナ対策予算を誰かが片っ端から訳のわからない形でポケットに入れているのではないか、ということです。持続化給付金の事務をめぐるスキャンダルや、接触確認アプリCOCOAの開発をめぐるスキャンダルなどが表面化しましたが、予算がケタ違いであるだけに、これらは氷山の一角にすぎないのかもしれません。起きているのは、泥棒行為のような分捕り合いなのでしょう。現に、一一兆円にのぼるコロナ対策の予備費が使途不明であるという報道が出てきています（『日本経済新聞』二〇二二年四月二三日朝刊）。「コロナは怖い」と言えばカネが出てくるので、政治家も企業も実効性など二の次でどうやってうまく引き出すか、ということばかり考えているわけです。典型的な腐敗国家の様相を呈しています。

同様の腐敗構造を露《あら》わにしたのが、東京オリンピックでした。東京オリンピックのカネと利権の問題はそれだけで一冊の本になるようなテーマですので、ここでは詳しい分析はできません。一点のみ指摘するならば、土壇場の最終局面になって、オリンピック仕様の広告の掲出を諦《あきら》めたトヨタ自動車の振る舞いは象徴的でした。トヨタに限らず、日本の財界は全会一致で東京オリンピックに賛同し、協力してきました。空気を読まずに「オリンピックの協賛金にカネを使うより、従業員の給与にカネを使うべきだ」などと発言した大企業経営者は皆無でした。社会にとって真の利益が何であるかを考えることなしに、国家

東京五輪開催による新規感染者数への影響予測

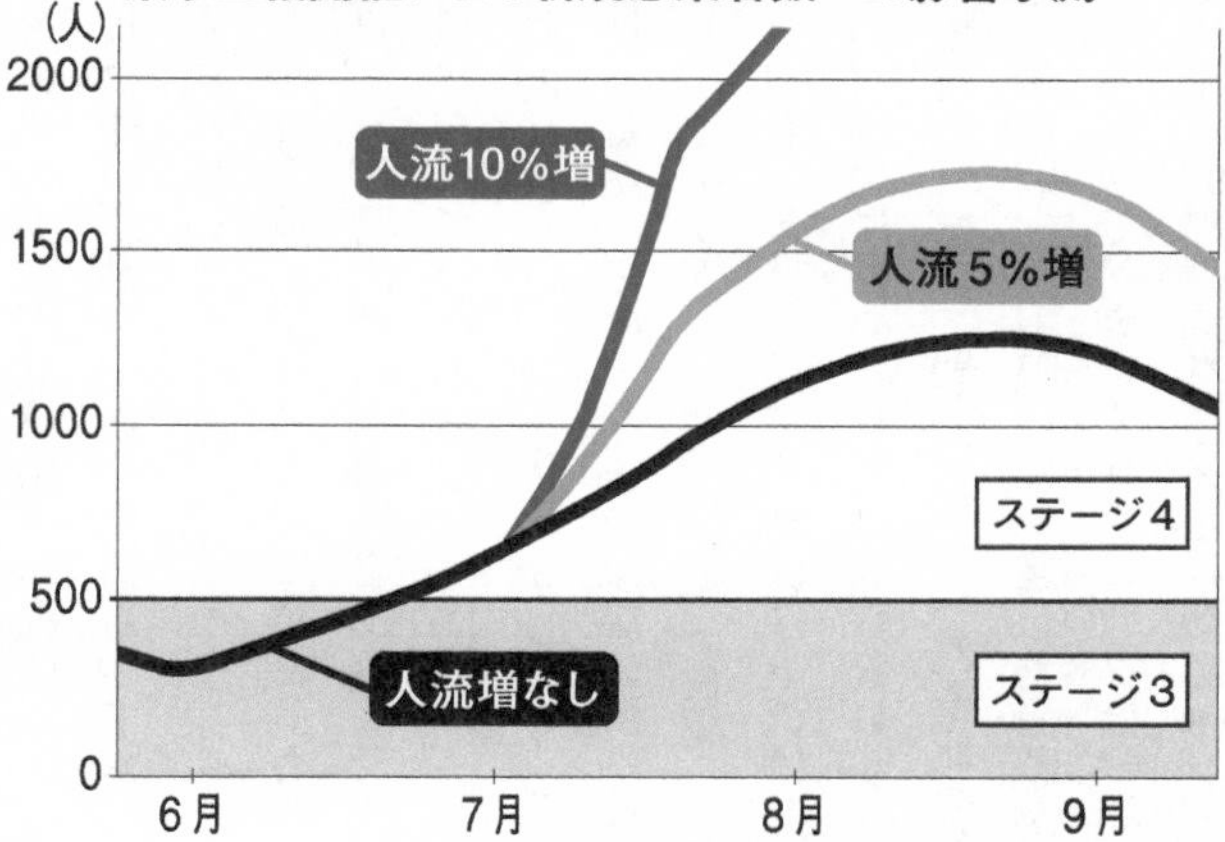

出典：「東京新聞」、2021年6月17日付記事より作成

がカネに糸目をつけない機会があれば脊髄《せきずい》反射的にかじりつく。そんな堕落が、あまりに評判の悪くなったイベントに深く関与するのはかえってイメージダウンにつながる、という事態に直面し、強烈なしっぺ返しを食らったのです。

この光景も、衰退の途上にある腐敗国家にまさにふさわしいものでした。

否認の祭典

コロナ禍の下、オリンピックを強行した意図はどこにあったのでしょうか。オリンピック開幕約一カ月前の時点で、各種の研究機関、専門家は厳しい予測を公表しました。例えば、東京新聞に掲載された京都大学と東北大学、国立感染症研究所のシミュレーションによれば、東京の感染者数予測は、デルタ株の影響を小さく見積もっても、人流が＋一〇％となるだけで、緊急事態宣言発出の水準に届いてしまう。つまり、東京オリンピックが始まる前からすでに感染拡大が始まり、少し人流が増えるだけで危機的な事態になるとの予測は十分に立っていました。これを見ても、菅政権はなお突き進みました。そこまでして行なったこのギャンブルには、何が懸けられていたのでしょうか。

端的に言えば、日本人のアンダーコントロール（安倍氏の名言です）状態をどうやって継続するか、です。3・11以降（実はそれ以前からなのですが）の日本の政治と社会の情勢を解くキーワードして、先に「否認」を挙げました。「平和と繁栄」に亀裂《きれつ》が走っていること、もっと言えば、それは砂上の楼閣にすぎなくなっていること、この現実を認めたくない、国民に認めさせてはならないがゆえに、東京オリンピックは必要とされました。そうでなければ、「地震で傷ついた東北の復興のために東京でオリンピックをやろう」という、論理破綻が極限にまで達した命題が成り立つわけがありません。

その意味で、東京オリンピックは、経済的利権の草刈り場である以上に、すぐれてイデオロギー的な役割を与えられたイベントでした。一九六四年の記憶を呼び出して成長の夢を見させることで、「大丈夫だよ、これまでとずっと同じでいいんだからね」と宣伝する。それは、羊のようにおとなしく愚かな状態に置かれ続けている日本人を、そのような状態のまま保ち続けるためのサーカスにほかなりませんでした。

こうした権力と国民精神の構造の有様を考えると、「国家保守主義」という言葉に行き当たります。聞き慣れない言葉かもしれませんが、政治学者の中野《なかの》晃一《こういち》氏の著書に、『戦後日本の国家保守主義――内務・自治官僚の軌跡』（岩波書店、二〇一三年）という本があります。戦前の内務省は戦後に解体され、総務省等いろいろな省庁へと分けられますが、かつての内務官僚がどの省庁に入り、そこからどう天下りをしてどんな仕事をしたかについて、詳細に調べた本です。戦後民主主義と言うものの、戦後日本は大日本帝国の官僚機構が解体されずにほとんど無傷で残り、権力中枢の構造は変わっていないという論評はよくあります。その具体的な様相をつぶさに見ていったのが、この本です。戦前最強の省庁だった内務省が、戦後社会をどうやって実質的に支配していったのかを、人的な流れを中心にまとめています。

中野氏いわく、「国家の権威のもとに保守的な価値秩序へと国民統合を図る、戦前からつづく日本の統治思想と制度的特徴を、私は『国家保守主義』と呼んでいます。内務・自治官僚たちは、戦後日本において、国家保守主義の再建に中心的な役割を果たしてきたと言えるでしょう」(「著者からのメッセージ」『戦後日本の国家主義』岩波書店HPより)。つまり、「国家保守主義」が日本社会の肝なのだ。その目的は社会統制であり、人民教化であり、同時にその運営者自身の利権の確保である、ということです。中野氏は、この部分こそが日本国家の背骨だという見方をしていて、私も同意します。

私はそこに対米従属の問題をさらに入れ、権力構造の全体を「戦後の国体」と呼んでいます。今回の新型コロナ危機の対応の失敗とオリンピックの顚末《てんまつ》でいよいよはっきりしてきたのは、この日本の背骨は腐っており折れかかっているということです。とはいえ、この国家保守主義は、実は3・11以降、すでにずっと危機に瀕《ひん》しているわけです。3・11は、原発という国家主義の極致である装置の破綻を通じて、日本の国家保守主義的な秩序が本当はまともに機能していないことを赤裸々に明かしてしまったからです。その意味で、東京オリンピックは、この残骸《ざんがい》と化しつつ日本社会に重く重くのしかかり、国民を窒息させている国家保守主義が生き延びるために、どんな犠牲を払っても強行される必要があったのです。

以上、今日の日本の統治の崩壊の局面をいくつか掻《か》い摘んで見てきました。次章では、この危機が戦後の政治史のなかにどう位置づけられるのかを考えます。

第一章　二〇一二年体制とは何か？

——腐敗はかくして加速した

不正で、無能で、腐敗している政権

安倍・菅政権とは一体何なのか、いくつかのテーマを立てて分析していきたいと思っていますが、この章では予備的な考案を行ないます。私がどういう視点で分析していくのかを、戦後史の中に位置づけながら、お話しします。

まず、安倍・菅政権の特徴を挙げておきます。政治には良い政治と悪い政治がありますが、悪い政治における悪徳を大別すると、三つあると私は思っています。それは不正、無能、腐敗です。

この三つはあくまで分けて考えなければいけません。例えば不正で無能ではあるけれども、腐敗はしていない政権が考えられます。つまり、正しくない、おかしな政治理念を追求していて、かつそれを追求する能力も大してないものの、ある意味では純粋に、信念をもって追求しており、金儲《もう》けなど考えていない政権です。あるいは、正しい目的を追求しているけれども、無能で腐敗しているケースや、有能だが不正な目的を追求しており、かつ腐敗している政権も考えられます。

例えば、現代の中国はどう見たらいいでしょうか。習近平《しゅうきんぺい》政権を眺めると、決して無能ではないと思われます。新型コロナウイルス対策にしても、最初こそ少し失敗しましたが、その後は剛腕による封じ込めで全土への感染拡大の防止には成功しているように見えます（ただし、三月末からの上海での長期にわたるロックダウンではゼロ・コロナ政策のマイナス面が強く現れてきており、中国政府の柔軟性や機動性が問われる状況になっています）。有能ではあるが、追求している目的は覇権主義的な面があり、疑問符がつくようだ。腐敗の面はどうだろうか。一生懸命汚職を取り締まっていますが、取り締まっている当人たちはどうなのかと考えると、いささか怪しいところがある。だから習近平政権の場合は、有能であるが不正で腐敗している政権、権力だ、ということになります。

このように、三つの悪徳は、あくまで分けて考えなければいけませんが、残念ながら日本の現在の権力であるところの政権は、どの面でもダメなのではないかと思います。不正であり、無能であり、腐敗している。

不正とは、間違った、良くない政治理念を追求している、あるいはそうした政治理念によって動機づけられている、ということです。無能とは、統治能力が不足していること。腐敗とは、権力を私物化し乱用していることです。およそこのように定義できると思いますが、それらが具体的にどう表れているのかについては、それぞれのテーマに即して触れたいと思います。

この悪徳の三拍子が揃ってしまったことが極めて残念というか、嘆かわしい現実です。とりあえず私たちにできることは、「まずは現実を直視しよう」と、なるべく多くの人に呼び掛けていくことだと思います。

「二〇一二年体制」とは

それでは、このような政権がなぜ持続できているのでしょうか。これは体制になってしまったからだと、私は考えています。この体制を「二〇一二年体制」と呼びますが、これは私がつくった言葉ではありません。中野晃一氏が、安倍政権から菅政権に替わるとき、この言葉を使って論説を書いていました。私も同じようなことを考えていたため、「二〇一二年体制」という言葉を目にしたとき、「確かにそうだ」と思ったわけです。

二〇一二年一二月から二〇二〇年八月まで（八月に退陣表明、九月に退陣）と、とにかく安倍政権はとても長く続いた政権です。この長さは、歴史的な時間としては、日中戦争が始まった一九三七年から、ポツダム宣言を受諾した一九四五年八月までの時間に匹敵します。

一九三一年の満州《まんしゅう》事変をもって日本にとっての第二次世界大戦が始まったとみなす見方

に基づいた、「一五年戦争」という呼び方があります。しかし満州事変が始まった時点で、多くの日本人に「我が国は大戦争を始めたぞ」という実感があったかといえば、あまりなかったわけです。その満州事変の六年後に日中戦争へと戦争が拡大するのですが、その時期になると、国家はいわゆる総力戦体制を敷くようになります。

例えば有名なのは「国民精神総動員運動」です。これは要するに、物心両面にわたって国民が戦争に協力する体制をつくるための動員です。この体制の組織化は、日中戦争が始まる前後で一気に進みます。満州事変直後は、一般国民は「海の向こうで何かが始まったんだな」という程度の感覚だったのが、日中戦争が始まると「これは結構大変なことになってきたかも」となったわけです。

日中戦争は南へと進み、どんどん大きくなり、ついにはアメリカ、イギリス等々といった諸国と戦端を開かざるを得なくなります。それは一九四一年の真珠《しんじゅ》湾攻撃、マレー作戦という形をとって始まっていきますが、それでもあまり戦争の実感がない人もいたようです。その人たちも戦争を実感したのは、サイパン島が陥落し、そこにアメリカが空軍基地を造り、本土にはB－29が飛来し、焼夷《しょうい》弾をたくさん落とされる一九四四年頃になってからだそうです。

あの戦争に関しては、すでに多くの歴史家や作家が取り組み、たくさんの研究とさまざまな仮説が玉石混交の状態で存在しています。しばしば論争の的になったのが、いわゆるポイント・オブ・ノー・リターンはいつだったのか、という問題です。「一五年戦争」という言葉は、満州事変の時点で原爆投下からポツダム宣言受諾に続く一本道に入ったというイメージを与えかねないところがあり、この呼称には良い面と悪い面があると思います。実際、満州事変の時点ではまだ、ポイント・オブ・ノー・リターンを過ぎたとは言えなかったでしょう。では一体いつそれを踏み越えたのかといえば、日中戦争だったと思います。

安倍晋三氏は首相を辞めたけれど、安倍政権はある意味で今も継続しています。なぜなら、それが体制だからです。そう考えると、すごい長さです。この体制は、第二次大戦で日本がポイント・オブ・ノー・リターンを踏み越えて敗戦に至った期間以上に長く続いています。当然ながら、その間に国民はだんだん塗炭の苦しみを味わうようになっています。

「安倍一強体制」

この「二〇一二年体制」のポイントはどこにあるでしょうか。まず注目してほしいのは、安倍長期政権――「超」長期と言っていいと思いますが――が発足して三、四年ほどで、

「安倍一強体制」という言葉がメディアに登場するようになったことです。とりわけ、森友学園問題や加計学園問題等のスキャンダルが複数出てきて、国会での答弁などは破綻《はたん》が明らかな状態になってくる。普通なら「この政権はもう保たないな」という状況ですが、にもかかわらず維持されました。この内閣が倒れないのは、要するに、安倍総理だけが強い体制になっているからだということで、これを指して、「安倍一強体制」と言われたわけです。

この一人勝ちの状態は、一つには、野党が弱いことに起因します。安倍政権を脅かす党外の勢力が弱い。もう一つの原因は与党内にあります。自民党総裁であるところの安倍氏への権力集中が甚だしいので倒れない。そのような状態が「安倍一強体制」だと言われるようになったのですが、大事なのは、この言葉が無意識的に出てきたことです。つまり、無意識的に「政権」という言葉が「体制」という言葉に入れ替わったのです。

体制と長期政権とは違います。長期政権は単に長いというだけで、例えば「佐藤栄作《さとうえいさく》政権」や「中曽根政権」「小泉政権」のように、あくまで固有名を冠して呼ばれます。それに対して体制は、例えば「共産主義体制」や「幕藩体制」というように使われ、誰それという人の名前は消えます。というのは、それはかなり強固に確立された権力の構造であることを意味するため、その頂点に誰がいようが体制の機能にとって影響がなくなるからです。

例えば徳川《とくがわ》幕藩体制の場合、家康《いえやす》が亡くなったら終わりだ、とはなりませんでした。その後次々に別の将軍がトップに立ち、入れ替わっても、権力の構造は基本的に変わらない。こうした状態が体制と呼ぶに値します。

したがって、「安倍一強体制」というのは、なかなかすごい。政権が長くなってきた挙句に、権力構造がほとんど変化不可能であるほど固定化されてきたことを意味するからです。元々は、権力の交代が起こらないことを指して「一強体制」と呼ばれるようになったわけですが、本来の意味での体制になっているとすれば、トップの首がすげ替えられても権力構造が変わらないことになるわけです。

その有り様をまさに示唆したのが、中野晃一氏が提起した概念、「二〇一二年体制」です。なぜ二〇一二年なのかというと、その年の一二月に総選挙があり、安倍晋三氏率いる自民党が多数の票を獲得して政権に復帰し、民主党が下野したのが二〇一二年だからです。

この「二〇一二年体制」という言い方は、明らかに「五五年体制」を強く意識した言葉です。二〇一二年に成立した権力の構造は体制と呼ぶに値するのか、体制だとすれば、どのような構造と特徴を持つのか。いくつかの角度と視点から分析しなくてはならないと思います。

「五五年体制」……体制変動のおさらい①

強く意識されている「五五年体制」とは何だったのか、少しおさらいをしておきましょう。戦後の体制変動をものすごく簡単にまとめると、次のようになります。

占領期⬇一九五五年／五五年体制成立⬇一九九三年／細川《ほそかわ》政権成立＝五五年体制崩壊／政治改革／「政権交代可能な二大政党制」準備期⬇二〇〇九年／民主党政権成立⬇二〇一二年／民主党下野＝第二次安倍政権成立＝二〇一二年体制成立？

まずは占領で始まり、サンフランシスコ講和条約によって、一応主権回復をします。一九五〇年代前半はかなり混乱し、政党政治における各政党内の政争も激しく、喧嘩《けんか》をしては離合集散する動きが活発です。そうしたなか、一九五五年に骨格ができた「五五年体制」と呼ばれる体制が成立し、長らく戦後政治の基礎構造となります。

「五五年体制」誕生のきっかけは、社会党にありました。当時社会党は、サンフランシスコ講和条約への態度をめぐって、大きく分裂していました。つまり片面講和か全面講和か、をめぐって党が分裂したのです。

いわゆる東西対立の中で、アメリカをはじめとする自由主義諸国とまずは講和条約を結び、それ以外の東側諸国との締結は後回しにしよう、という考え方が片面講和です。左派社会党と呼ばれた人たちは、片面講和に反対します。東西対立が激化するなかで、平和を追求していくためには、自由主義陣営とだけ条約を結べばいいという考え方ではダメだ、と。片面講和はつまり、アメリカ陣営に属するとの宣言に等しいわけで、日本はどちらかの陣営に一辺倒に付くべきではない。そのためには、全面講和をしなければならない、と主張したのに対して、社会党の右派はこう主張します。「全面講和が望ましいのは確かだけれど、現状では東西対立が激しく、日本はアメリカによって事実上占領されている。この状態においては、まず占領を終わらせることが大事だから、そのための片面講和はやむを得ない」と。ここはお互いに譲れないと、社会党は左派と右派に分裂をしていたわけです。

そのサンフランシスコ講和条約が片面講和の形で調印された一九五一年から四年たった

五五年に、左右に分かれた弱い状態では社会党もダメだということで、左右社会党の合同が行なわれます。これに対して保守政治勢力は、強い危機感を持ちます。すでに敗戦直後の占領時代に、片山《かたやま》内閣と芦田《あしだ》内閣という形で、社会党を基盤とする内閣、政権を経験しているわけですから、また社会党が政権をとるかもしれないという、保守から見ればかなりリアルな脅威の認識があったわけです。

そこで、この社会党の合同に対抗する形で、「保守合同」が実現します。保守の側では、吉田茂《よしだしげる》系の保守（自由党）と鳩山一郎《はとやまいちろう》系の保守（民主党）が激しく対立していました。対立する両派が合同してできたのが、自由民主党です。こうして「五五年体制」と後世呼ばれるものができ上がりました。

この体制は大変長く続きました。一九九三年の細川護熙《もりひろ》政権成立をもって「五五年体制」が終焉《しゅうえん》したといわれるので、三八年間、四〇年近く続いたと考えられます。その特徴は何かというと、保守合同でできた自由民主党が、選挙ではずっと勝ち続けた、ということです。

要するに、自民党が常に政権与党で居続け、社会党は野党第一党であり続けた。言い方を換えれば、社会党が与党になることはなく、あまり本気でそのチャレンジをした形跡もない。かといって「だらしがない、政権をとる気迫はないのか」と有権者から見捨てられ、社会党が野党第二党以下に落ちることも決して起こらなかった。

だから、この体制は、一・五大政党制と言われたりもします。上位二つの政党が固定化されているので二大政党制に似ているようにも見えますが、米や英のそれとは異なる。なぜなら政権交代は事実上想定されていないからです。万年与党と万年野党というかたちで権力が固定化された状態が、「五五年体制」の仕組み、中身だったと言えます（五五年体制のメカニズムの詳細については、拙著『戦後政治を終わらせる――永続敗戦の、その先へ』NHK出版新書、二〇一六年を参照して下さい）。

「安倍一強体制」が「ポスト五五年体制」？……体制変動のおさらい②

長く「五五年体制」が続いた後、一九九三年に細川政権が成立します。これは多数の政党による連立政権でした。政治改革が必要だと叫ばれた当時、その改革の主眼は政権交代可能な二大政党制をつくることだ、それさえ成立すれば政治は刷新されるという主張が盛んにされました。そして細川政権成立を契機に、小選挙区制の導入を中心とする選挙制度改革が断行されたわけです。

その後、小さな党がいくつも乱立する状況が一時的にはありましたが、小選挙区制は、強制的に二大政党制をつくるシステムのようなものです。結局のところ野党勢力の多くが民主党に集まり、二〇〇九年には政権交代が起こります。こうして民主党政権が成立しましたが、この政権は三年しかもたず、二〇一二年の総選挙で敗北します。民主党は下野し、第二次安倍政権が成立したわけです。ここで成立したものが、単なる長期政権ではなく体制なのではないか、二〇一二年体制と呼べるのではないか、ということです。

この一九九三年前後に政治改革が叫ばれた頃からずっと、ある種呪文《じゅもん》のように言われたのが、「ポスト五五年体制」という言葉です。

戦後の議会政治はどういう仕組みでできていたかを振り返ると、「五五年体制」は確かに一つの体制と呼ぶに値する安定性を持っていました。この体制を突き崩さなければならないという気運が出てきたきっかけは、東西対立の終焉と、自民党政権の腐敗でした。

第一の点について言えば、後でもう一度詳しく言及しますが、五五年体制は、グローバルな東西対立のミニチュア版でもありました。資本主義体制の擁護者として、経団連はじめ大企業から資金提供を受け、その始まりにおいてはアメリカからも資金提供を受けていた自民党が、言うなれば、「西側の党」として君臨し、社会党は労働者階級の代表者として社会主義を掲げる。社会党はソ連をはじめとする社会主義国家の支配政党とは友好的な関係を持っていましたから、その意味でも社会主義の党として、自民党に対抗する。そのような図式となっていました。ですから、グローバルな東西対立の構図が崩れたとき、「資本主義　対　社会主義」という構図ももう終わりだろう、と言われるようになったわけです。

ゆえに、政権交代可能な二大政党制とは、「自民党　対　社会党に代わる、本気で政権獲得を狙う、社会主義イデオロギーから脱却した野党」という構図になるはずだ、と考えられました。

第二に、腐敗の問題がありました。財界との結びつきが強く、しかもずっと与党の座にある政権党に金権腐敗がはびこりやすいのは普遍的法則で、大小数え切れないほどの金銭スキャンダルを自民党は引き起こしてきましたが、一九八〇年代から九〇年代前半には、リクルート事件や東京佐川急便事件など、大型の疑獄事件が立て続けに起きました。なぜ、腐敗が起こるのか。政治にカネがかかりすぎるからだ。カネがかかるのは中選挙区制という選挙制度のせいだ。また、自民党がこんなに汚職を起こすのは、政権を奪われる心配がないので弛《たる》んでいるからだ、とも言われました。

だから、中選挙区制を小選挙区制に変えれば、金権政治を断つことができ、二大政党制になるから政権交代も可能になる、一石二鳥だ、と考えられたわけです。かくして、政治改革が目指すものは政権交代がしばしば起こる二大政党制であり、それがイコール「ポスト五五年体制だ」と考えられていたわけです。

ところが、実際のところ、構想されたような「ポスト五五年体制」は成立しませんでした。政権担当可能なもう一つの勢力へと成長したはずの民主党が下野して以降、政権交代――旧民主党勢力から見れば政権の再奪還――を果たせる気配はまったくなくなってしまった。下野した後の民主党も、紆余《うよ》曲折がありました。現在のところ立憲民主党が勢力的には最も大きく、かつて政権をとった民主党の正統後継者と言えるでしょうが、支持率を見ても、政権を獲《と》れる気配はありません。

そう考えると「ポスト五五年体制」とは、つまり安倍一強体制ではないだろうか。一体、私たちは何をつくろうとして、現実には何を得てしまったのかを考えなくてはいけません。

安倍→菅へのバトンタッチが示すもの

本当に「二〇一二年体制」と呼ぶに値する体制が、すでに成り立っているのでしょうか。

私は、相当程度に成り立ったと言えると思っているため、わざわざこの言葉を使っています。そう言える根拠は、例えば安倍氏が総理を辞めたときの自民党総裁選（二〇二〇年）の景色にも、鮮やかに表れていました。結果は、菅氏が一位で、二位が岸田氏です。地方の党員も含めてですが、かつては党内での人気、声望が安倍氏を上回ることもあった石破《いしば》茂《しげる》氏は、三位に沈む形となりました。

あの総裁選のとき、一体何が起こっていたのか。安倍氏は、コロナ対策がうまくいかずに逃げ出したのです。これは安倍氏が第一次政権の時に辞めた理由にも関わります。潰瘍《かいよう》性大腸炎ということですが、残念ながら医師団による診断書の提示はこれまで一切なされていません。ご本人がそう言っている以外に客観的な証拠がなく、奇妙でした。というのは、総裁選が行なわれて引き継ぎが終わるまで、安倍氏は職務にとどまっただけでなく、敵基地攻撃能力をどうするかといった安全保障上の重大決定もしていたからです。重要な決断や総理の職務を担えないほど深刻な病状だったため辞任を決めたはずだったにもかかわらず、です。

コロナに関して、安倍氏の政策はまったくうまくいきませんでした。アベノマスクで大顰蹙《ひんしゅく》を買い、ミュージシャンの星野《ほしの》源《げん》氏が自粛で自宅待機を余儀なくされる方が多く出る中、「うちで踊ろう」という応援歌をＳＮＳに投稿したのに対してコラボ動画を公開しますが、安倍氏が自宅でくつろぐ姿を映すものでこれまた大顰蹙を買ってしまう。支持率も下がり続け、どうしようもないので、何とかして安全に総理を辞めなければならなくなりました。

そうなると、大事なのは自己保身になってきます。モリカケ問題や「桜を見る会」の問題など、後ろに手が回りかねない話があり、「なんだ安倍は」「許すまじ」という国民の怒りの感情に押し出されるようにして辞めたとなると、自分の身が危なくなるからです。だから何とかして険しくなってきた国民の感情を解きほぐさなくてはいけなかった。「難病をかかえながら、一応、自分なりに頑張ってきたんです」などと言うと、「病気なら致し方ない、よく頑張ったんだな」と多くの日本人は納得します。日本の有権者のレベルはそんなものだからです。実際にそうなって、（辞任発表後は）支持率まで大きく回復しました。

後継者選びも大事です。絶対に自分を追及しない者を後継者にしなければならないので、安倍氏としては当初岸田氏を本命と考えていたようです。ところが、岸田氏の人気がちっとも上がってこないために、困った。そこで、菅・二階《にかい》ラインが登場するわけです。安倍・麻生《あそう》ラインが岸田氏を推し、菅・二階ラインは「菅でいく」ことになり、実は両者はかなり対立していたと言われます。このような権力闘争の次元は表沙汰《おもてざた》にはされないことも多いわけです。大事なのは、対立はあったもののあっという間に談合が成立したことです。「岸田ではちょっと無理だな」、「じゃあ、いいよ、菅で」という談合が成立し、安倍・麻生ラインと菅・二階ラインはそこで妥結します。

この妥結の内容で大事なのは、総裁選で石破氏を最下位にすることです。というか、石破氏の存在があったからこそ、速やかな合意ができたわけです。石破氏は、安倍政権時代からずっと政権に批判的な言動を繰り返してきましたから、二〇一二年体制にとっての異分子である。「石破は絶対にダメだ」という一点で、安倍・麻生ラインと菅・二階ラインが合意して、菅氏にしようという流れが速やかに出来上がった。さらには、石破氏を二度と立ち上がれないぐらい叩《たた》きのめさなければいけないということで、岸田氏を二位にする（＝石破氏をビリに落とす）工作が行なわれたのです。

体制死守への固い結束

こうして菅氏が総理の座を射止めた。最初は対立していたのに速やかに談合が成立したのは、二〇一二年体制を死守することに関して、自民党の有力者の利害ががっちり一致していたことを意味します。だからあの総裁選は、本当につまらない選挙でした。すべては石破氏を不利にするために進み、岸田と菅のどちらだ？　といった勝負が見られるかと思いきや、あっという間に菅氏の圧勝が決まったからです。選挙の告示前から結果が決まっていた感じで、菅陣営は「石破をビリにするために、岸田に少し票を分けてやれ」という、余裕綽《しゃく》々《しゃく》な有り様でした。事程左様に、二〇一二年体制を守るための結束は固かった。そして体制ですから、つまりは安倍氏抜きでも機能し得ます。したがって菅政権は、言うなれば安倍晋三抜きの安倍晋三政権だったと言えるでしょう。

安倍退陣後、「桜を見る会」などのスキャンダル追及が行なわれ、警察と東京地検が一応動くものの、秘書が略式起訴され、ご本人は不起訴です。ここを落としどころにしたなという感じで、本当によくできていました。安倍氏のスキャンダルにしても、東京地検特捜部が動かないことに対し世論の批判は高まるばかりなので、検察はガス抜きをしなければいけなかった。だから一応調べはしましたが、本人にダメージがない程度で、というわけです。

結局のところ、検察も二〇一二年体制の一部です。本気で追及して、例えば安倍氏を逮捕したら、これは大騒ぎになります。超長期政権を率いた前首相が逮捕などされたら、今の自民党政権の存立をも揺るがせかねません。その挙句、本格的な改革を断行する政権が成立してしまったりしたら、「さあ、検察改革だ」となるかもしれない。取り調べの可視化や人質司法の問題、裏金問題や証拠捏造《ねつぞう》の問題、判検交流（検察官と裁判官が人事交流するという慣習、検察と裁判所の癒着の象徴と批判されている）の問題など、検察に関して抜本的に手を付けるべき問題は山ほどあります。

そうした事態を避けたいから、自民党そのものにコケてもらっては検察も困る。だから、表層的な処分で済ませます。これらを全部追及し掘り返していたら、自民党だけでなく検察組織の抜本的な改革にまで行きかねない。そういうことが起こらないためには、自民党政権に永久に続いてもらわなければならず、同時にガス抜きはしなければならない。

体制とは大したものです。菅首相の下で（あるいは、岸田首相の下でも）、河井克行《かわいかつゆき》氏の件（二〇一九年参院選で妻の案里《あんり》氏を当選させるため、広島の地元議員や後援会メンバー計一〇〇人を買収するため金をばらまいた）など、安倍氏に関するスキャンダルが再燃してくる可能性はまだあった。ネタはいくらでもあるので、「許しがたいよね」ということでスキャンダル批判の世論が再燃したとき、どうするでしょうか。菅氏からすれば、トカゲのしっぽ切りをすればいいのです。つまり、検察に圧力をかけず、逆に「やれやれ」という形で後押しをしてあげる。すると検察としては、心置きなく安倍晋三氏を逮捕することができる。

安倍氏は逮捕された方がもちろんいいとは思いますが、しかしそれとて、二〇一二年体制の維持・安定に、いわば貢献する行為であり得るのです。安倍氏抜きで成立しうる安倍政権ですから、安倍氏の政治生命が最終的に葬られることが仮にあっても、この体制の構造自体は変わらない。むしろ、安倍氏を捕まえることが体制維持に貢献することすらあり得る。こういう構造ができていることを、私たちは認識する必要があります。

国際的文脈における歴史的位相

二〇一二年体制が、日本の戦後政治史のどういう成り行きの中で成立したのかについて概観しましたが、次にこれを国際的な文脈から眺めてみたいと思います。左側の軸に世界情勢と日米関係、右側の軸に日本の情勢を並べたのが、六一ページの表です。

第二次世界大戦が終結した結果として日本は敗戦国となり、占領されました。大戦が終結するや否や、というか終結前から東西対立は激化していきます。そのことの日本への反映が、いわゆる逆コース政策です。占領初期は、アメリカは日本の民主化を重要視したわけですが、民主化を進めれば進めるほど、敵対勢力である社会主義の力が大きくなる可能性が高まっていきます。これを抑えなければならないということで、逆コース政策がとられます。有名な国鉄三大謀略事件を代表として、共産党系の勢力、労働組合の勢力伸長に対し、あらゆる手段を用いて歯止めを掛ける。レッドパージ（赤狩り）で共産党シンパを追放する一方で、ファシストとしていったん排除された旧支配層の追放解除が進んでゆく。

その果てにサンフランシスコ講和条約を結び、一応占領が終結するのに——ポツダム宣言の趣旨から考えればとてもおかしいのですが——米軍駐留が続くことを可能にする日米安保条約が結ばれます。

余談ですが、大学で戦後史に関する講義などをやると、今の学生は逆コースについてほとんど何も知りません。せいぜいその言葉を知っている程度です。中高の授業でちゃんと教わらないそうです。逆コースを知らないということは、戦後史に関して何も知らないというのと同じです。このプロセスを通じて出来上がった権力構造が、今日の日本をも根本的に規定しているのですから、日本の戦後史を語る上で最重要のキーワードが逆コースです。このことはどれほど強調してもし足りません。

その後、東西対立はさらに激化して核兵器の開発競争等々が行なわれ、紆余曲折ののち

2012年体制の歴史的位相

世界情勢・日米関係	日本の情勢
第二次世界大戦終結	敗戦・占領
東西対立激化	逆コース政策・日米安保条約
恐怖の均衡／平和共存	1955年体制・60年安保
日本（経済力）の対米脅威化	自主外交路線の放棄、 対米従属の自明化 （反米意識の蒸発）
東西対立の解消、 ソ連崩壊（1990年前後）	「55年体制」の終焉 保守二大政党制への志向
ポスト冷戦へ	ポスト55年体制樹立の失敗 2012年体制の成立

冷戦に落ち着きます。東西冷戦とは恐怖の均衡であり、恐怖が均衡しているがゆえに平和共存するしかなくなる。つまり、お互いに「あいつらこそ悪だ」と罵《ののし》り合っているのですが、ではその悪を退治できるかというと、現実的にはできない。退治しようとすれば、両者のみならず人類が破滅するからです。そのため長期にわたり、正面衝突はせず共存するしかない状態が続きました。そのことの日本への反映が、「五五年体制」だったわけです。

先に「五五年体制」のところで述べましたが、決して政権交代が起こらない二大政党制もどきの状態は、一・五大政党と言われることもありました。自民党が一で、社会党が〇・五であり、それがずっと続くということです。すると、自民党は基本的に対米従属の反共主義政党なので、ずっと反共主義政権、反共主義体制が続きます。

確かにそうなのですが、他方で「五五年体制」は反共主義体制としては大変緩い、微温的なものだったわけです。大体、社会党は公然と社会主義を奉じているわけですし、暴力革命路線を捨てて議会主義へと転換した共産党も存在を公認されていました。日本共産党は、一時期はソ連邦や中国共産党と密接な関係を持っていました。日本社会党のほうも、歴史的経緯は複雑ですが、共産党とソ連との関係が悪くなってくると、代わりに社会党がソ連との関係を密接にするというような、ややこしい関係を築いていました。東西対立の中での日本の位置づけは、アメリカからすればアジアで一番重要な子分でした。その位置づけから考えると、日本の場合、反共主義といってもずいぶん寛容だったのですね、ということです。とても有力で、常に二番手の座を占めている議会政党が公然と敵陣営と友好関係を持っているのですから。

前線だが最前線ではない、という日本本土の位置

こうした戦後日本の反共主義体制の緩さについては、地政学的な要因で説明可能だと私

は思います。それは、日本がアジアにおける東西対立の最前線ではなかったから可能になりました。最前線は朝鮮半島の三八度線です。ここでは実際に東側の北朝鮮と西側の韓国が激しい戦争を行ない、中国とアメリカが参戦し、お互いに膨大な犠牲を出しながら引き分け状態になりました。今に至るも、ただ停戦しているだけで、その決着はまだ着いていません。

もう一つの最前線は台湾《たいわん》海峡です。中華民国と中華人民共和国が台湾海峡を挟み、現在までずっとにらみ合いを続けています。今日台湾問題は、東アジアにおける国際関係の最大の懸念要因になってきました。日本はこれにどう対処するのか、考えるととても憂鬱《ゆううつ》ですが、難しい状況、選択、生き方を迫られると思います。誰がやっても難しい時代になるのに、不正で、無能で、腐敗した国家権力に適切な対処ができるだろうか。

歴史に話を戻しますが、朝鮮半島と台湾海峡にこそ最前線があったわけで、今でもあり続けています。そこから考えると、日本は最前線ではない。前線だけれど最前線ではないという、これはとてもおいしい位置取りです。前線だから、アメリカとしては日本を大事にしなければならず、過酷な賠償要求を控え、復興を助けました。他方、最前線ではないので、「社会主義政党や共産主義政党があっても、まあいいんじゃないの、政権をとらない程度にやらせておけば」という対応をされたわけです。

これは学問の自由についても言えます。東京大学経済学部では、マルクス経済学が、新古典派などの近代経済学と学部を二分するような大きな力を持っていました。東京大学とは基本的に役人を養成するための大学です。自由主義陣営に属し、従って基本的に反共主義体制であるはずの国の高級官僚になるために、敵性思想を学ばなければならなかったというのは、よく考えると驚くべきことです。韓国や台湾では、ある時期までは社会主義政党など存立の余地がありませんでしたし、マルクスの本など禁書扱いでした。所持していたら実際に身に危険が及んだのですから、この対比はまことに鮮やかだと思います。

いま台湾と韓国について述べましたが、もう一つ言及されるべきは沖縄です。沖縄は日本本土から切り離され、アメリカから「ここは最前線として扱う必要がある」と判断されたため、結局ずっと占領状態が続きました。施政権の返還が一九七二年に行なわれたとはいえ、軍事占領的な性格はほんのわずかにしか変わらず、それが今日まで続いています。

要するに、戦後日本は、韓国、台湾、そして沖縄に東西対立の最前線を担ってもらうことによって、それなりの政治的自由や学問・表現の自由が担保される体制を享受できたのです。このような地政学的幸運が、戦後民主主義の土台だった。

今の東アジアにおけるデモクラシーの状況を考えると、台湾の状況には目を瞠《みは》らされます。例えばオードリー・タン氏のような人が有名になっただけでなく権限を与えられている。彼はどんどんアイデアを出し、それがきちんと議論・吟味され、政策として採用されていく。実に風通しの良い社会だと思います。この風通しの良さが、台湾におけるコロナ対策の成功をもたらしました。

オードリー・タン氏が天才であることが、別に大事なわけではありません。どの国にも、怖いぐらいに頭がいいという人はいて、日本にも多分たくさんいると思います。問題は、社会に存在している能力が活用されるかどうかです。要するに日本は、そうした能力が活用されないようになっているわけです。

こんなエピソードがあります。オードリー・タン氏は台湾で翻訳された、日本を代表する思想家の柄谷行人《からたにこうじん》氏の本を読んで、そこで説かれているコミュニズムの構想を素晴らしいと思ったそうです。そこで、柄谷氏の考えを政策に具体的に使うにはどうしたらいいかを議論するためのプラットフォームを、インターネット上に早速つくった。みんながそこで出し合ったアイデアを実践につなげる試みを、すでに始めているそうです。翻って、日本の国会議員で柄谷氏の本を読んで理解できる知的レベルの人はどのぐらいいるでしょうか？　何人かはいるかもしれませんが、今の閣僚の中には多分一人もいないでしょう。コロナ対策をきちんとできるかどうかにも、知性をどれだけ重視し、尊重しているかが、明らかに関係しています。

台湾の民主主義とはどういうものか。それは、戒厳令が四〇年続いた（一九四七〜八七年）というきわめて過酷な状況のなか、厳しい弾圧を被りながら続けられてきた民主化運動が獲得したものです。韓国も同様で、長年の親米権威主義政権の過酷な支配への激しい抵抗、権利獲得運動の果てに、今の韓国の民主主義があります。こういう経緯があるから、両国における人々の民主主義体制への誇りと参加意欲は強い。政治に対する批判も厳しい。

これに対して、日本の本土は、前線だけれど最前線ではないという、とてもうまい位置取りによって、一応民主主義のような体制を私たちは享受することができ、同時に経済発展も得ることができました。しかも、アジアにおける第一の同盟国であるにもかかわらず、基地を提供する以外にアメリカの戦争に付き合う義務はなかった。ベトナム戦争がその代表例ですが、戦争から経済的利益をあげながら、軍事的にお手伝いはしない。その直接的口実はもちろん、憲法九条ですが、アメリカにとっては実に皮肉なことに、この条文を課したのはアメリカ自身だった。経済援助を得るためにアメリカに従ってベトナムに参戦した韓国とは対照的です。

このように「平和と繁栄」を享受できたわけで、戦後日本は実に幸せだったわけです。ところが身に過ぎた幸福は、どこかで必ずそのツケを払わされるのだということを、私はひしひしと感じます。日本の政治も社会もここまで奇妙な閉塞《へいそく》に落ち込んでしまい、脱出できなくなった理由は、戦後に享受したものがあまりにも出来すぎた話だったからではないでしょうか。身の丈に合わない、つまり自分の力で得たのではない幸福を享受したツケは、必ず回ってくる。日本の民主主義が腐敗し、形骸《けいがい》化し、それを支えている人間もそれに相応しいレベルに落ちるという形で、今ツケを払わされているのだと思います。

ロッキード事件の本質とは

ともかく恐怖の均衡、平和共存という文脈においてこそ、このぬるま湯のような「五五年体制」の確立を日本は享受できたことになります。その後はどうなったでしょうか。高度経済成長を経た日本は、ある意味でアメリカの脅威と化していきます。アメリカにとっての脅威はとりわけ、というかこれしかないのですが、日本の経済力です。アメリカは「日本を同盟国としてしっかりつなぎ止めるためには、日本には豊かになってもらおう。

豊かになれば好戦性も薄れるだろう」と考え、技術提供もしたし市場の解放もした。そうしたら経済力が強くなりすぎ、アメリカを脅かすようになった、ということです。

そして、一九九〇年前後になると東西対立が解消し、日米がタッグを組む根本的な根拠が失われました。それまではソ連が共通の敵だったからこそ、日本とアメリカの根本的な利害は共通していたのですが、ここで共通の敵が消滅します。そうなるとアメリカにとって日本は、保護や庇護《ひご》の対象から、むしろ収奪の対象に変わってきます。

一九八九年に始まった日米構造協議はその象徴です。強くなりすぎた日本の経済力を抑え込むという動きは、一九八五年のプラザ合意（一九八五年にニューヨークのプラザホテルで開かれたG5で合意されたドル高是正のための協定。アメリカは貿易赤字を是正するため、円にはドル安・円高の導入を求めた。ドル売りの協調介入に各国は乗り出し、円ドルレートは一ドル＝二四〇円台から二〇〇円、さらには一二〇円台となり、円高デフレ現象の発生を招いた）ですでにはっきりと現れていました。

さらに最近わかってきたこととして、アメリカはすでに一九八〇年代に本格化する貿易摩擦以前から、収奪に転ずるというか、日米関係の性格を変えていたのだという事実があります。日米の利害の根本的共通性は相当早い段階で失われていた、ということです。

それを物語るのが、戦後最大の疑獄と今も言われるロッキード事件（一九七六年二月に発覚した、アメリカのロッキード社の大型旅客機の売り込みに絡み、多額の賄賂《わいろ》が政界に流れたとされる疑獄事件。首相退任後もキングメーカーとなっていた田中角栄《たなかかくえい》失脚の要因となった）です。春名《はるな》幹男《みきお》氏という、共同通信のワシントン支局長を務め、退職後は日米関係史やインテリジェンス研究家として活躍されている方がいます。『ロッキード疑獄――角栄ヲ葬リ巨悪ヲ逃ス』（KADOKAWA、二〇二〇年）という大著が出版されましたが、この本はロッキード事件をライフワークとして長年研究してきた春名氏の、現時点での総決算になります。

ロッキード事件がなぜ起きたのかについては、さまざまな見解があります。長らく語られてきたのは、元々はジャーナリストの田原総一朗《たはらそういちろう》氏に由来しますが、アメリカ陰謀論です。わけても有力視されてきたのは、田中角栄の資源外交が原因だという見方です。中東情勢に関して、日本はアメリカの見解を踏襲し、パレスチナ問題におけるパレスチナとイスラエルの対立についてはイスラエル側に立ってきました。それがオイルショックを契機に、背に腹はかえられぬということで、日本は親アラブへと態度を切り替えました。さらには、ソ連のシベリア油田を開発する目的で、田中角栄はソ連に接近したりしました。この動きにアメリカが怒り、ロッキード社から田中角栄につながる日本の有力者に裏金が流れたというスキャンダルを意図的にリークしたのだ、という観測がなされてきたのです。

今回の本で春名氏は、この問題に決着をつけるため、アメリカの資料館で膨大な史資料を読み、アメリカ側の関係者への取材も行ない、徹底的に調査しました。アメリカ陰謀論について、今回の春名氏の著書は、かなり決定的な結論を出したと私は思います。アメリカ陰謀論は半分正しくて半分間違っている、というのがその結論です。角栄はアメリカの虎の尾を踏んだと言われます。確かに虎の尾は踏んだが、しかし、踏んだ虎の尾は資源の問題ではなかった、ということです。踏んだ虎の尾は何だったのかというと、資源の問題よりむしろ日中国交正常化の件だった、という見方が春名氏の結論です。

自主外交路線の放棄と対米従属の自明化

アメリカが台湾との関係を切って中国と関係を結ぶ決断をした、いわゆるニクソン・ショックは、日本の頭ごなしに、日本には何も知らされずに行なわれました。日本の政府首脳は驚愕《きょうがく》したわけですが、ここで興味深いのは、日本が直ちに追従したことです。直ちに追従というのは、日本も北京《ペキン》の政府と交渉をして、国交を結ぶ路線に直ちに舵《かじ》を切ったということです。ただし、日本は直ちに追従し、かつアメリカ以上に急速に方向転換した、というのがポイントです。

アメリカは確かにニクソンが訪中し、直接対中交渉をしましたが、かといって一直線に国交樹立まで進むことは考えていませんでした。ところが日本は、「え、そうなんですか、では私たちも行きます」と言って、一気に日中国交正常化まで進んでしまった。というのも、日本には、中国と関係を結びたいという本音がかねてからあったからです。経済規模を考えれば、国際政治上の配慮から中華民国（台湾）だけを相手にして中国（中華人民共和国）を認めないというのはいかにも不自然で苦しい。それでもアメリカへの配慮からこの不自然な状態を続けてきたわけですが、当のアメリカがそれを止めると言い出した。だから、日本としては、「もう遠慮する必要はない」と一気に進んで行った、という構図です。

田中角栄のこの動きに対して、当時国務長官だったヘンリー・キッシンジャー（国際政治学者としても知られる）は激怒しました。キッシンジャー／ニクソンとしては、もっと慎重に事を運ぶつもりだった。ところが、日本が独走して日中の国交を正常化したので、それに引きずられるようにして、アメリカも中国との国交を正常化していくこととなった。

こうした成り行きのなかで、キッシンジャーは田中角栄をひどく嫌ったため、そこで資源外交などにも影響が及んでいくことになります。どういうことかというと、角栄は当時「中国の次はソ連だ」と言っていました。中国との間できちんとした、友好的な関係を築くことはできた。その次はソ連だ、ということです。この考えは冷戦構造、東西対立の構造を、実質的に無効化していくような外交路線です。ただし、角栄にアメリカを怒らせる意図はなかった。だから、シベリアの油田開発についてソ連と交渉しようとしたときも、別にアメリカ排除を目論《もくろ》んだのではなく、アメリカの参加を前提条件に掲げていた。

ところが田中の訪ソ前に、キッシンジャーは日ソ接近を阻止すべく、裏でソ連に働きかけていた。駐米ソ連大使に連絡し、北方領土問題でソ連は日本に譲歩しないでほしい、と要求したのです。アメリカからすると、日本の国力、経済力が上がってきて、かなりつけ上がって生意気になっている。だからソ連と組んででも日本を叩いておかなければいけない、という動きをしていたのです。

ここからわかるのは、日米の利害の共通性は、実は一九七〇年代前半の時点で、相当に揺らいでいたということです。だからこそ、アメリカは実はそのような動きをしているのだと認識したうえで、自主外交路線のための方策を練らなければならなかったのですが、そうならずに田中角栄は挫折《ざせつ》します。今から見れば、角栄はアメリカの思惑に対してあまりにも鈍感で無防備だったと言えるでしょう。

こうした舞台裏の全貌《ぜんぼう》がようやく明らかになってきたのも、実に五〇年近くも経ってからのことです。アメリカからここまでのことをされていたのに、そのことを私たちは知ることができなかった。知りもせずに、「トモダチ」だの「思いやり」だのと言い続けてきた。戦後日本とは、そのような異常な空間なのです。

ここまで歪《ゆが》んでしまったのも、ロングスパンで見れば、角栄が志向したような自主外交路線が放棄され、同時に対米従属が自明化されていったからです。自明化とは、対米従属の現実が見えなくなる、不可視化されることでもあるし、あまりにも当たり前になるため、根っこのところで支配されていることがわからなくなっていくということです。

そして、角栄のように自主を目指したところ逆に潰されて損をするよりも、支配者に阿《おもね》って得をしようという輩《やから》が増えてくる。こうして政治や行政の世界を中心に、キョロキョロ平目だらけになってきて空間自体が劣化してくる。それが極限まで来ているのが現在ですが。

一般社会の状況も、対米従属が自明化すると、六〇年安保などがあった時代とは大きく異なってきます。六〇年安保は大きな闘争になりましたが、反対運動に参加した人々の一番大きな情念は、恐らく反米という心情だった。その心情は、ベトナム戦争の時代までかなりの程度持続したと考えられます。だからこそ、ベトナム反戦運動は大きく広がりました。ですから、対米従属の自明化とは、言い換えれば、そういった反米意識が蒸発していくことでもあります。

先にも触れたように、さらに時代が進んで東西対立が解消されると、その国内的な反映として五五年体制の終焉がもたらされた、という側面がある。実はこの側面は、わかるようでわからないところがある。というのも、社会党は別にソ連共産党の支部でも何でもなかったし、社会主義と言ってもソ連型の社会主義が唯一の形であるわけでもないのですから。けれども、少なくとも当時のマスメディアレベルでは、社会主義の終焉といったようなことが盛んに言われたのは確かです。自民党対社会党という五五年体制の対立構造は、世界における対立構造、すなわち資本主義、自由主義勢力と社会主義勢力の対立のいわばミニチュア版、国内版だった。そこで一方の陣営がなくなったのだから、そのミニチュアバージョンも成り立たない、という理屈がよく語られたわけです。

こうして、「五五年体制」をやめて保守二大政党制をつくりましょう、という動きが生まれてきます。しかしながら、先に述べた通り、この望ましいものとしてあったはずのポスト五五年体制なるものは成立しませんでした。その代わりに、二〇一二年体制が事実上のポスト五五年体制として成立してしまったということです。

ベルリンの壁の崩壊とソ連崩壊の後の時代は、世界では「ポスト冷戦」だと定義されています。そこから三〇年以上も経っていますので、現在の時代は「ポスト冷戦」を超えて「ポスト・ポスト冷戦」ぐらいになっている。それに対して日本は何をしているのかというと、「五五年体制」が終わった後の後始末がいまだにできず、ウロウロしているわけです。その後始末の結着が安倍・菅・岸田の体制だとするならあまりにも無惨な話ですが、事実上そうだと見なければならないのでしょう。だとすれば、それはどういう内実を持つものなのか。これが今考えなければならないテーマです。

「表層的な説明」

なぜ、ポスト五五年体制は成立しなかったのでしょうか。マスメディアレベルでよく語られる「表層的な説明」は、大体次のような説明です。

なぜ政権交代可能な二大政党が成功しないのかといえば、政権交代できそうな野党がダメだからだ。そのダメさが表れたのが民主党政権だった。どれだけダメだったかというと、首相になった鳩山由紀夫《はとやまゆきお》氏がまず一番おかしかった。彼は宇宙人のようにぶっ飛んでいて何を考えているのか理解不能な人だ。官僚の使い方が下手だったが、それは経験不足だからだ。それで鳩山氏から菅直人《かんなおと》氏に代わったが、東日本大震災への対処も悪かった、等々です。しかし、コロナに対する自民党政府の対応を見ていると、東日本大震災の発生が民主党政権下でまだマシだったなとつくづく思います。大枠ではこのように、民主党が期待外れだったからだ、と説明されます。

安倍政権の方のファクターとしては、安倍氏を脅かす者が党内外にいない。党外は野党で、党内は自民党ですが、それこそ石破氏を無力化した動きに見られる通り、自民党内で体制を脅かす分子が現れると全力を挙げて叩き潰《つぶ》しているわけです。石破氏が自然に失速したのではない。しかもそのとき、別に安倍氏一人が拳《こぶし》を上げて全力で叩いたといった話でもない。作用したのは、いわば構造なのです。構造的に「こうするしかない」という流れができ、動いていくのです。だから、それこそ頂点にいる者は誰でもいいのです。誰が頂点にいようが同じメカニズムが働くような構造ができてしまっている。その構造をこそ、分析しなければいけません。

こうした構造ができてしまった理由として、小選挙区制の存在がよく指摘されます。小選挙区制は基本的に、派閥を有名無実化させる一方で、党中央（総裁、幹事長）に権力が集中するシステムだからです。したがって、安倍政権に対する不満は党内にも実はずいぶんあるにもかかわらず、トップを引きずり下ろすところまではいかない、などと説明されてきました。しかしこれでは不十分というか、表層をなぞっているだけだと言わざるを得ません。やはり、もっと深層にまで迫る必要があります。

民主党政権の挫折の意味

まず、二〇一二年体制を外から脅かすもの、すなわち野党がなぜここまで弱体化したのかを少し考えてみましょう。二〇〇九年に政権交代は起きたけれども、その結果に、有権者は幻滅したと言われます。しかし、先に述べたように、なぜそれが失敗に終わったのかについて（あるいは、本当に単に失敗だったと言うべきかについても）、日本社会に真っ当なコンセンサスがあるとは思えません。

私の考えでは、保守二大政党制なるものはそもそも不可能だったのだということが、この民主党政権の挫折によって露呈したのです。それがなぜなのかを考えるためには、旧民主党政権の間に何が起こったのかをよく見る必要があります。

一口に民主党政権と言っても、鳩山政権とその次の菅・野田政権とは、根本的に違うのです。鳩山氏は、いわば既存の権力の構造と衝突して敗れた。鳩山首相の辞任劇は、平成の政治史において、最大の事件だったと私は考えます。これについて、私は鳩山氏を責める気は起きません。逆に、鳩山氏は権力の構造と闘ってはっきりと負けることにより、何が真の問題として横たわっているのかを明らかにしてくれました。

これに対し、その後を継いだ菅氏・野田氏は、その露呈した権力構造に徹底的に屈従、屈服することによって自分の権力維持に汲々《きゅうきゅう》としていたにすぎません。鳩山氏と、彼と盟友関係にあった小沢一郎《おざわいちろう》氏の試みが挫折したことの中にこそ、問題の本質が表れたと言えます。

これは『永続敗戦論』などに詳しく書いたので簡単にしか触れませんが、挫折のきっかけが沖縄辺野古《へのこ》での基地建設の問題だったのは、象徴的です。すなわち、鳩山氏が衝突した相手は、特殊な対米従属体制でした。鳩山氏がこの問題に本気で取り組み始めると、基地移設についてのアメリカとの合意を見直すと日本側が言い出せば、アメリカが立腹するかもしれないと喚き立てるキャンペーンが炸裂しました。かくして、アメリカの機嫌を損ねたということですらなく、損ねる「かもしれない」というだけで、政、官、財、学、メディアからの集中砲火を受け、「あいつは宇宙人だ」等々の人格否定まで受けるのが、日本の権力構造だったことが明らかになりました。

鳩山、小沢の両名は、基本的にどちらも保守の系譜に属する人です。ところが保守の系譜に属するにもかかわらず彼らが異端だと言えるのは、戦後日本の保守がずっと維持してきた、良く言えば親米の路線、悪く言えば対米従属の路線を健全化させたい、相対化しなければ、といった考えをはっきり持っているからです。この点が、主流派の保守との根本的な違いです。言い方を換えれば、日米安保体制を否定しているわけではないが、絶対視もしていない。まさにそうであるがゆえに、両名は権力の座に就いた途端に、あるいはその直前から、激しい攻撃を受けました。

また、鳩山氏が率いたほかの閣僚らが同じ信念を共有していたかというと、していなかった。だから、鳩山氏が「最低でも県外」という公約を何とか実現しようと苦闘するなかで、他の関係閣僚――この場合、防衛大臣や外務大臣が職掌上大変重要だったわけですが――は腰が引けていき、鳩山氏は孤立無援的な状況に追い込まれて行きます。

なお、鳩山氏が公約実現の断念を決意する際に、直接的なとどめとなった外務省が作成した文書は、虚偽文書であった疑いが濃厚です。二〇一六年二月二三日に「朝日新聞」によって報道されていますが、その要点は以下です。

すなわち、外務省は当時移転先候補として想定された徳之島《とくのしま》が米軍の訓練場から遠すぎる、米軍の内規が定めている距離を上回ってしまうとの文書をつくって、鳩山氏に差し出しました。これで「万事休すだ」と鳩山氏は判断し、公約を断念、辞任を決断しました。しかし、この文書が何とでっち上げだったというのです。「米軍の「基準」としてヘリコプター部隊と訓練場との距離を「六五カイリ（約一二〇キロ）」以内と明示しているが、在日米軍司令部は朝日新聞の取材に「そのような基準はない」とした」（「朝日新聞」二〇一六年二月二三日）。

この一件は、鳩山氏という、特殊な対米従属レジームにおける異分子を追い出すためには、この体制がいかに手段を選ばなかったか——本件は公文書の偽造であり、犯罪です——、ということの証明です。こうして鳩山氏は後ろから撃たれ、倒されてしまった。撃った主犯は官僚であり、従犯が与党まで含めた政界、マスコミ、そして「鳩山氏は権力構造と闘って敗れた」と分析しなかった知識人たちでしょう。

他方、小沢一郎氏は、かつて自民党の大番頭であったわけですから、官僚と官僚機構がどういう習性を持っているかを熟知しています。官僚の側から見ると、最も手強《てごわ》い相手です。そして、旧民主党の政権獲得と並行して、陸山会《りくざんかい》事件（小沢氏の資金管理団体「陸山会」が収支報告書に虚偽の収支を記入したとされた政治資金規正法違反事件）という不可思議な事件が起き、金縛りに遭うような状況へと追い込まれました。虚偽の捜査報告書作成が発覚するなど、検察の暗部を露呈させた陸山会事件ですが、「大山鳴動して鼠一匹」すらも出ず、小沢氏は完全無罪、検察は敗北しました。しかし、小沢氏に身動きをとれなくさせることにより政権交代を無効化した、という意味では、この捜査は大成功だったのです。陸山会事件は、まさに典型的な国策捜査だったと言えます。

そして、菅直人政権・野田佳彦政権で権力中枢を占めた民主党の政治家たちは、この間、小沢氏を助けようとはまったくしませんでした。むしろ逆に、民主党政権自体の支持率が低下するなかで、その責を評判が低下した鳩山・小沢両氏に帰そうとする姿勢がありありと見えました。要するに、自分たちがうまくやれないのは鳩山と小沢のせいだ、ということにしたわけです。

ちなみに、この無理筋の捜査を指揮したのが、当時の東京地検特捜部長の佐久間《さくま》達哉《たつや》氏です。興味深いことに、同氏は退官後に、旧民主党の有力者で、鳩山・菅政権で外務大臣、野田内閣で副総理などを務めた岡田《おかだ》克也《かつや》氏の一族が経営するイオングループの関連会社に取締役として天下りをしています。

右のような経緯によって、私が「永続敗戦レジーム」や「戦後の国体」と呼ぶようなものの姿がはっきりと浮かび上がってきたわけです。単に、「鳩山は人柄が何かおかしい」「官僚の使い方が下手だ」といった表層的な話ではないのです。民主党による政権交代によって期待されていたのは、「政権交代可能な二大政党制」でした。しかし、それは成立しなかった。それを阻止しようとする強力な力学が、政府の官僚機構の内部だけでなく、民主党の中においてさえも働いたわけです。その力学こそ深層です。それを見なければなりません。

付け加えて言えば、第二次安倍政権の超長期化に関しても、党の中央部に権力が集まるから、どんなにおかしな政策をとっていても持続できたのだといった説明は、あまりにも表層的です。いくら権力が集中していても、やり放題で何でもできるのかと言えばそうではないですし、何と言っても本来、選挙で負けることがあり得ます。そう考えると、政権が長く続くというのは、やはり国民的に支持されているのです。不正・無能・腐敗が支持される世の中に、それを支持する国民になってしまった。そこにこそ本当の謎があります。

ここを解明しなければ、ポスト五五年体制の不成立を説明したことになりません。

戦後の国体の終焉を無制限に引き延ばそうとする

こうしてできてしまった二〇一二年体制とは、どんなものか。これを総括するために、もう一度歴史的な位置づけをしておきます。その歴史的位置づけは、拙著『国体論——菊と星条旗』（集英社新書、二〇一八年）で示した歴史観から明瞭《めいりょう》にできると、私は考えています。

「国体」とは、普通、戦前の天皇制国家のことを指します。それは明治期に、明治維新を実行した人たちが、新生近代日本の国家原理として天皇を頂点・中心とする体制をつくったことによって成立しました。この明治期に、天皇を中心に日本人は団結して頑張りましょうということで、飛躍的な大発展を遂げた。けれども、最終的に一九四五年、破滅的な戦争により潰れます。大日本帝国の天皇中心主義は、軍国主義、超国家主義、神懸かり的なファシズムの温床だと見なされて、ＧＨＱによる民主化改革の対象となり、天皇制は象徴天皇制へと再編され、「国体」は死語になりました。

しかし、「国体」的なものは、実は生き残っているのです。それは戦後、「国体」の頂点を天皇からアメリカにすり替えたような形で機能するようになります。だから、「国体」は、それが形づくられ、発展し、そして壊れるというプロセスを二度繰り返していると見ることができます。

まず形成期には、アメリカを頂点とする国体のようなものが形成されます。占領から大体一九七〇年頃までです。この時代は明治時代に似て混乱期でもありますが、同時に大発展する時期でもあった。急速な発展の時代の後には、いったん少し安定した時代が続きます。大正デモクラシーの時代に天皇制による支配が緩んだのと似た形で、アメリカに支配されていることが意識されないような時代が一時的にやってきます。「ジャパン・アズ・ナンバーワン」などと言われ、根底的なところで対米従属している、支配を受けているという事実が見えづらくなります。

そして、大正デモクラシーによる自由主義化、民主化が不徹底に終わったのに似て、最も力を蓄えたはずの時代に、日本は対米自立を果たすことができませんでした。だからその後、崩壊の時代がやってくる。昭和戦前期の時代では、民主主義、立憲主義が、国内外の矛盾の高まりに堪え切れず、崩壊して超国家主義体制になってしまい、破滅的な戦争の道へと突き進んでしまいました。

同じような時代状況が、一九九〇年前後の東西対立終焉から現在までに当たるのではないか。対米自立を果たせなかった一方、対米従属をしている具体的な最大の理由がなくなったにもかかわらず、対米従属がますます自明視され、深まってゆくという逆説的な状況があるわけです。先ほど言及した、鳩山氏の一件はまさにその典型です。たった一つの米軍基地の移転先について、アメリカとの合意を見直そうとしただけで、集中砲火を浴びることになった。まさに、日米安保体制が万古不易・天壌無窮の「国体」となって、それをいささかでも乱しかねない言動はタブーであるとして激しく攻撃されたのです。

さらに、明治維新（一八六八年）から敗戦（一九四五年）までが七七年間ですが、二〇二二年に戦後は七七年になります。今年、敗戦から現在までの時間量が、明治維新から敗戦までの時間量と等しくなるのです。「国体」の形成・発展、そして崩壊のサイクルが完結するのに十分な時間がすでに流れようとしているのです。

一体、安倍政権とは何だったのか。それを継いだ菅政権・岸田政権とは何なのか。そして二〇一二年体制とは何なのか。右の歴史的展望から考えてみると、二〇一二年体制の歴史的任務が浮かび上がってきます。それは、「戦後の国体」の終焉を無制限に引き延ばそうとすることにほかなりません。つまり国体護持なのです。

「戦後の国体」と私が呼ぶもの、慈悲深く日本を愛してくれる天皇陛下のようなものとしてアメリカを恋慕していく生き方が通用したのは、一九九〇年前後までです（ロッキード事件に即して見たように、それ以前から本当は通用していませんでした）。ソ連が崩壊したら、そのような生き方は絶対にあり得ません。本当は、この時点で「戦後の国体」は終わっているわけです。ここで戦後レジームは土台を喪《うしな》っていわば砂上の楼閣になってゆく。ところが、この砂上の楼閣の中はあまりにも住み心地がいいと言う人たちがいるわけです。それは、自民党を中心とする親米保守勢力ですが、彼らはこの楼閣を壊したくないので、実は終わっているものを無制限に引き延ばそうとしているわけです。

日本の統治機構と社会が崩壊してきている

しかし、問題は日米安保体制だけではありません。後の章で検討しますが、国際情勢の推移からしても、安保体制そのものを今すぐに止められるかと言えば、それは難しいでしょう。

そして、問題は単に日米安保条約が存在する、ということではないのです。この間明らかになったのは、日米安保を基礎とする対米従属は、そもそもは国際関係において成り立ったはずのものが、国際関係を超えて、日本の国家体制、さらには日本社会そのものを腐食させてしまった、ということです。だから、正確に言えば、問題は対米従属そのものではなくて、戦後日本の対米従属の特殊な性格、それが戦前天皇制に起源を持つ、「国体」の構造に基づいて従属していることが問題なのです。

この「国体」が徹底的に批判されなければならない理由は単純です。それは、「国体」がその中に生きる人間をダメにする、そこに生きる人間に思考を停止させ、成熟を妨げ、無責任にし、奴隷根性を植え付ける、そのようなものだからです。

大東亜《だいとうあ》戦争の失敗が、つまるところ戦前天皇制国家の限界が招き寄せたものだとするならば、現代日本の閉塞、そして社会の全般的劣化も、「戦後の国体」の限界が招き寄せたものにほかなりません。そしていよいよ、「戦後の国体」もその崩壊の最終段階に入ってきたのではないか、というのが私の現代に対する見立てです。

それを露《あら》わにしたのは、3・11でしょう。私自身も、このようなことを考えるようになったきっかけが、東日本大震災と福島第一原発の事故でした。日本の権力構造にさまざまな問題があることは、もちろん以前から知っていましたが、それとはまったく次元の違う危機感を一一年前のあの日から持つようになりました。そうした思いは、かなり多くの人たちに共有されてきたと思いますし、今もされていると思います。

3・11以降、民主主義を何とか取り戻そう、獲得しようという社会運動も盛んになりました。まさにそのような気運こそ、「戦後の国体」の支配層から見れば、叩き潰さなければいけない。しかし叩き潰すといっても、日本では機動隊を入れたり自衛隊に治安出動させたりといった方法ではなく、もっとソフトな手を使います。例えば「復興の象徴として東京オリンピックをやろうじゃないか」というようなプロパガンダです。

東京五輪は復興五輪だ、というのは、本来意味不明な話です。震災で破壊されたのは東北なのですから、復興の象徴として仙台《せんだい》でオリンピックを開催すると言うなら、まだわかります。ところが、開催するのは東京です。ですからこれは結局、あの大震災と原発事故で突きつけられたものに対する否認であり逃避です。少し考えただけでおかしいとわかるようなことを、電通が中心となり「日本中が祝福しています」というキャンペーンとしてやってきたのです。

こういったことも、単に安倍政権や自民党政府が悪いという話ではないわけです。政・官・財・学・メディアが、共犯関係でこれをやってきたのだし、安倍政権をも支えたのです。国民の多数派はそれを消極的であれ積極的であれ、支持してきました。

消極的というのは、この間自民党の絶対得票数がさほど伸びていないからです。選挙では、相変わらず公明党におんぶに抱っこです。最近の選挙における自民党の絶対得票数のデータを見ても、二〇〇九年の総選挙で民主党に敗れ、下野したときの自民党の得票数以下が多く、何とか迫ったり、若干超えることもある、という状態です。ではなぜ勝ち続けるのかと言えば、それは投票率が下がっているからです。旧民主党の勢力は、近年は得票を若干増やしてはいるものの、野党が分裂しているため票が分散しているし、そもそも二〇〇九年の政権交代時に獲得した票に比べると大幅に票を失っています。要するに、棄権者が増えた分で自民党が勝っているようなもので、その意味では、二〇一二年体制は消極的に支持されているにすぎません。

しかし一方で、積極的に支持している層も確かにいます。安倍政権の岩盤支持層と言われるような人たちですね。それはすなわち、極右勢力です。国運が傾く中で悪性の排外主義的ナショナリズムが発生するのはどの国でも見られる現象ですが、御多分に漏れず、それが日本でも発生しているわけです。そうした国民の感情的劣化に対して、責任ある政治は、それを何とか解毒したり抑制したりする義務を感じるわけですが、安倍政権の政治は正反対にそうした感情の劣化に依拠するものでした。改憲運動などと結びつきながら、このナショナリズムは劣化を促進してきました。

また、この一〇年ほどの言論の世界などを見るに、積極的支持ではないが、シニカルな自民党支持層のようなものが形成されたと感じられます。安倍信者のウヨクと思われるのは恥ずかしくてイヤだけれど、リベラル・左翼と見られるのもイヤだ、だから両方に距離をとって、どっちもどっちでおかしいよね、という立場をとりたがる人たちです。こういう「とっても賢いボクちゃん」という自画像だけが大事というような人が大量増殖していて、学者の世界でも増えていますが、どう自己演出しようがこうした態度は自民党支配の継続に資するだけなので、実質的にはネトウヨと何も変わりません。

国民精神のこうした低劣化も、現在が国体護持の最終段階の時期なのだと考えれば、それほど不思議ではありません。あの大戦の末期、国民はどれだけ馬鹿なことをお互いに強いたか、また国家は国民に強いたか。似たような状況が起きているのだと見るべきです。

とはいえ、いよいよそんな現実の悲惨さを直視しなければならない状況が現れてきました。言うまでもなく、新型コロナウイルスの問題です。日本は医療崩壊を繰り返しています。最初はノウハウがなかったから、経験がなかったから、知見が不足していたから、といった言い訳もできました。しかし言い訳できない時期になっても、状況は変わらなかった。日本の政府、統治機構はまったく統治できない状態になっていて、そこに無能性と腐敗が強く結び付いています。

例えばコロナウイルス感染者との接触を警告するアプリを政府が発注して開発させたら、そもそもの発注が杜撰《ずさん》で、知見がないベンダー（開発・販売会社）などに仕事を振り、受注した元請け側が中抜きをして更に投げ、と無責任体制極まれりで有用なアプリがいつまでたっても出来上がらない。このような話がごろごろ出てきている。

要するに、日本の統治機構が崩壊してきている、ということです。役人は若手がどんどん辞め始めている。まるで末期のソ連邦のようです。私たちはこれからどうなってしまうのか、この国はどうなってしまうのか。それは、間違いなくこれまでの歩みの先にあります。次章以降、その歩みを三つの角度から検証していきます。

第二章　二〇一二年体制の経済政策

——アベノミクスからアベノリベラリズムへ

「三本の矢」

二〇一二年体制がなぜここまでひどくなったのか、いくつかの角度から考えていくわけですが、この章では経済政策と経済状況を中心に、安倍・菅政権から現在までの一〇年間を見ていきます。

安倍政権の経済政策といえば「アベノミクス」ですが、「アベノミクス」という言葉が、すでになつかしくなっています。そういえばそんなものあったっけ、と感じるかもしれませんが、開始されたときは相当盛り上がっていたことを思い出しましょう。さらにアベノミクスの政治的意味、政治的効果はかなり大きかったと思います。

二〇一二年一二月に第二次安倍政権が誕生し、当初、安倍氏は経済一本槍《いっぽんやり》のスタンスを示しました。彼の本来の関心事である憲法改正や戦後レジームからの脱却といった、イデオロギー色の強い、いわゆる生活と直結しないような政策はほぼ封印していました。第一次政権の時、それを前面に出したものの、結局「そんな話でお腹が一杯になりますか、どうでもいい」と受け取られて短命に終わったことへの反省があったのでしょう。とにかく経済を良くするのだということで、第二次政権発足後一年近くは、これだけを言い続けた。それによって政権基盤、国民の支持が固まり、長期政権への基礎が出来上がったと言えます。

そのアベノミクスとは何だったのでしょうか。一時的とはいえ、当時は書店の平積みコーナーを、「アベノミクスとは何か」をテーマとした本が埋め尽くす状況があったことを思い出してください。そこで言われた「三本の矢」とは、次の三つの政策です。

①異次元金融緩和（金融政策）……リフレ派
②機動的な財政出動（財政政策）……ケインズ派
③成長戦略（産業政策）……規制緩和＝ネオリベ派

少なくともこの三本の矢を額面通りに受け取るなら、「ごった煮的だ」と言って構わないでしょう。要するに、経済成長に役立つと従来言われてきた政策を全部やってみる、ということだからです。

折衷的でごった煮的、総花的だというのは、これら三政策の理論的背景がそれぞれ違うからです。①異次元金融緩和は、いわゆるリフレ派といわれる経済学者、経済理論家たちが唱えてきました。②財政政策は、基本的にケインズ主義的なもの。③成長戦略はいろいろな産業政策があり得ますが、安倍政権が特にアピールしたのは規制緩和です。この政策は少なくとも表向きは、ネオリベ的だったと言えます。もちろん、これらの政策がそれ以

マネタリーベース平均残高

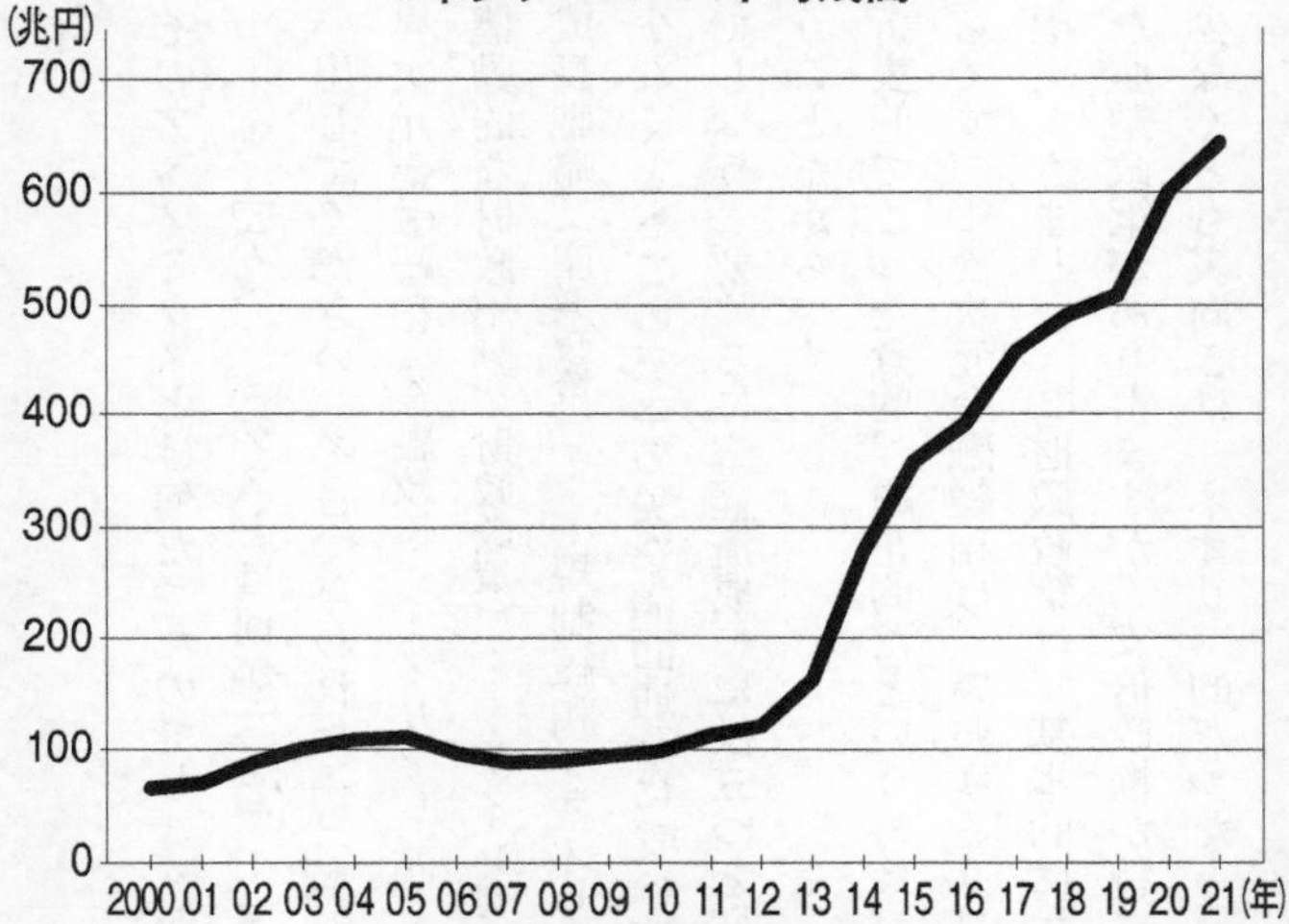

出典:日本銀行時系列統計データ検索サイトより。暦年で作成

前に全然行なわれてこなかったわけではありません。安倍政権に言わせれば「規模が違うのだ」ということになります。

異次元金融緩和

「三本の矢」は、とりあえずは有権者に受けました。理由について、表層的にまず言えるのは、直前の民主党・野田政権における経済政策がまったく影の薄いものだったことです。本人は「いろいろやった」と言うかもしれませんが、「何にもしてない」という国民のイメージがかなり強固にできていて、そこに安倍氏はうまくつけ込むこ

日経平均株価

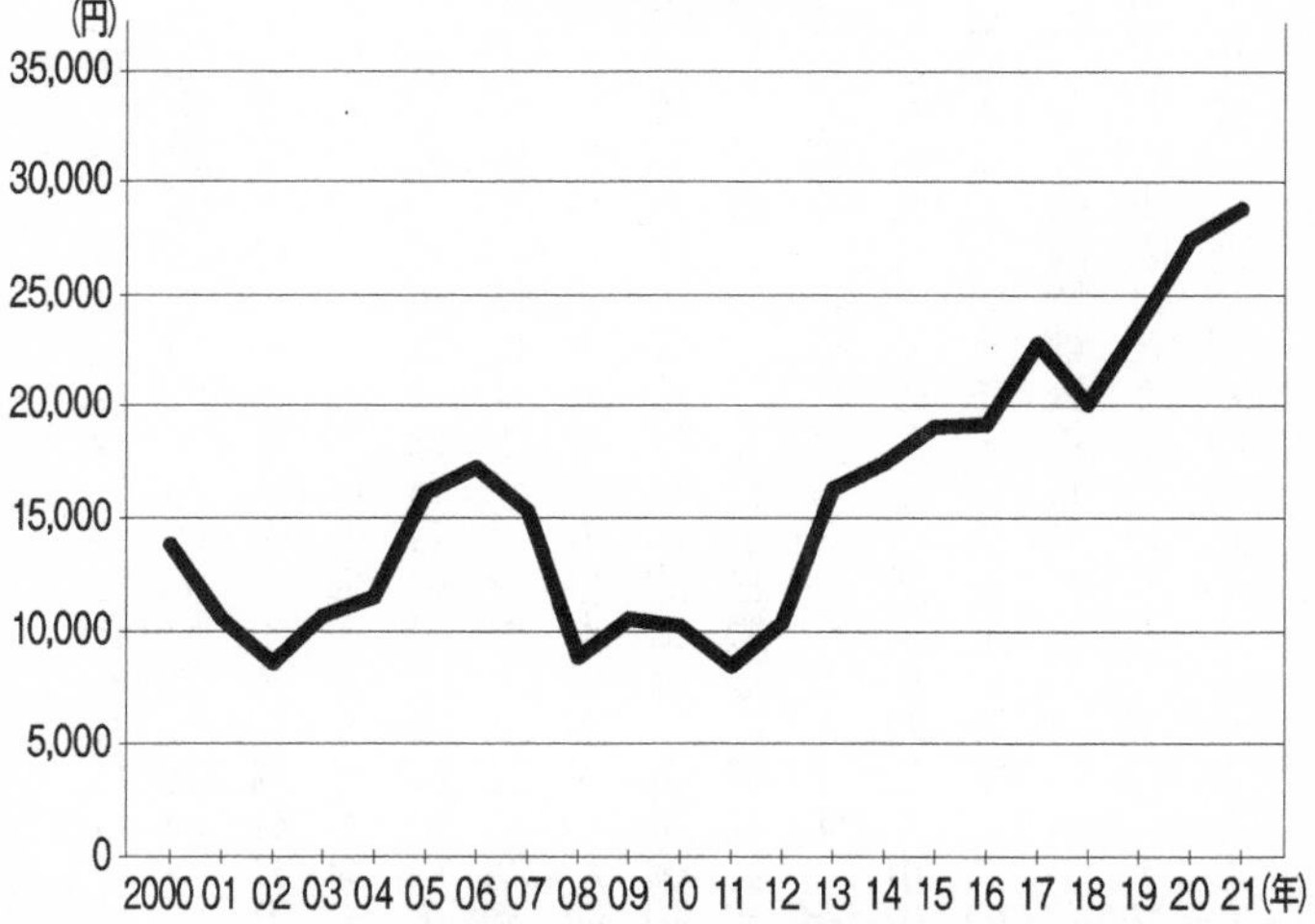

出典：日経平均プロフィル（日本経済新聞社）より。12月の終値で作成

とができた。「私が政権をとったら、これだけ大きくやっていきますよ。だから期待してください」と、煽《あお》りに煽りました。今から思えば、煽り方がうまかったと思います。

それでは、中身はどうだったか。やはり目玉とされたのは、①金融政策です。異次元金融緩和では確かに、口先だけでなく、かなり大きなことをやったと言えます。それはグラフの数値によく表れています。注目すべきはマネタリーベース、つまり供給されている通貨の量です。二〇〇〇年から二〇二一年までの通貨供給量の推移を示しているわけですが、二〇〇〇年から二〇二年、要するに安倍政権ができるまでは、マネタリーベースは大して変わりません。それが安倍政権になった途端に、一気に上がっています。

次のグラフは、マネタリーベースの対GDP比の推移をグラフ化したもので、濃い色の線が日本です。二〇一二年以降、とんでもなく上へ向かっています。金融緩和はどこの国でもやっている政策ではあるので、ここではアメリカと比較しています。アメリカも確かに増えていて、特にリーマンショック後に増えています。ただ、それにも限度があるのに対して、アベノミクス以降の日本は突出した伸びを示しています。

金融緩和政策の手法は具体的には、金融機関が持っている国債を中心とする債券を日銀がどんどん買い取り、それを日銀券に取り替えるというものです。銀行から見れば、保有している国債を日銀に売るということです。そうすることで銀行には現金が入ってきます。理屈から言えば、そのお金が融資を通じて市中へ流れるのでお金の流通が増えてデフレが脱却できる、ということになっています。この理屈でもって、毎年二％の物価上昇を実現する、と安倍政権は公約しました。

果たして実際はどうかというと、現に「デフレからの脱却」はできていません。今や結果が出ているため、その時点から「やはりおかしかったんだね」と言うのは簡単ですが、

日米マネタリーベース対GDP比

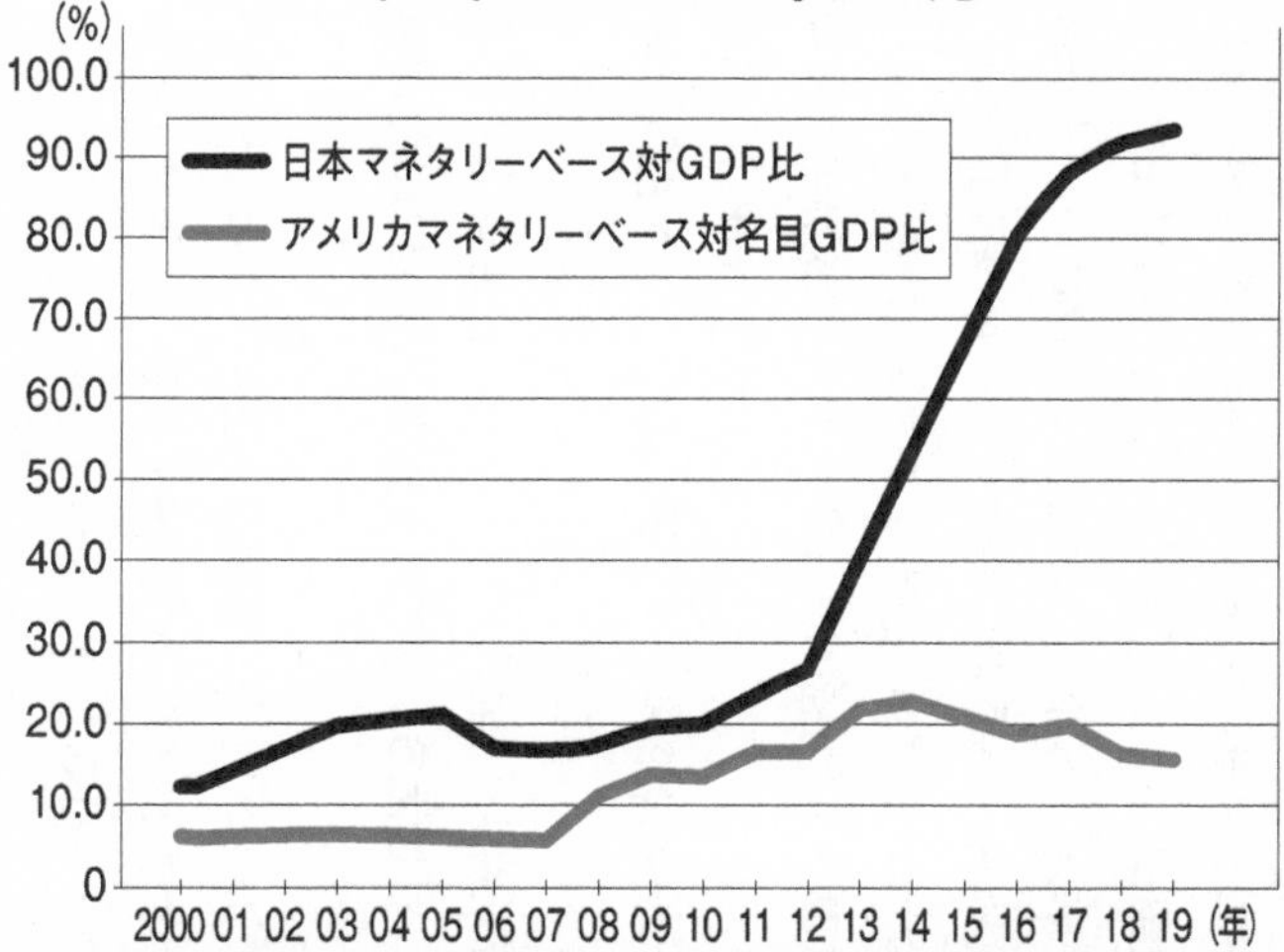

出典：明石順平『財政爆発』角川新書より。明石氏が日本銀行時系列統計データ検索サイトおよび Federal Reserve Bank of St. Louis「St. Louis Adjusted Monetary Base」、内閣府「国民経済計算」、IMF「World Economic Outlook Database」をもとに算出したもの

重要なのは、一体なぜそれができると思われたのか、ということです。

当初、異次元金融緩和、黒田《くろだ》バズーカなどというスローガンがぶち上げられたことで、ブームを引き起こした、と言えるでしょう。九七ページのグラフからわかるように、株価はものすごく上がりました。確かにマネタリーベースの増加と日経平均の動きは連動しているように見える。ただ、それも実はおかしな理屈なのです。例えば二〇〇〇年頃のリーマンショック前との比較で、当時のマネタリーベースは今よりずっと低かったわけですが、それでも似たような株価を出していました。すると、株価は一体何を意味しているのかわからなくなってくる。水増しした分と本当の実力とが、どういう比率で混ざっているのかがよくわからないからです。

前提からおかしかった「デフレからの脱却」

異次元金融緩和によるデフレ脱却がなぜ実現可能だと思われ、にもかかわらず、なぜ実現されていないのでしょうか。結局、「デフレからの脱却」とは何なのでしょうか。異次元金融緩和とは、いわゆるリフレ派経済学者と呼ばれる人たちの主張が採用されたことを意味しています。

リフレ派経済学者たちの主張を紹介する前に、個人的に思い出深いエピソードを紹介します。民主党政権の時代、私がまだポスドク（博士号取得後、正規職についていない研究者）で就職活動をしていたような時代ですが、知り合いに誘われて、たまたまある研究会に顔を出しました。少し変わった会で、大学院生や若手研究者、それに元金融マンなどアカデミシャンでない人も交ざっており、早稲田大学教授（当時）の若田部《わかたべ》昌澄《まさずみ》氏が座長的立場を務めていました。若田部氏は現在、日銀副総裁です。

その後の打ち上げで、若田部氏が大学のサークルで私の先輩だという縁もあり、「後輩なんです」などと言いながら、少しお話を聞かせてもらいました。氏が属するリフレ派が天下を取る何年も前のことです。そのときに、かなりカジュアルな形でリフレ派の考え方を聞かせてもらったことになります。強く記憶に残っているのは、「なんで日本は経済停滞がずっと続いているんですかね」という私の質問に対する答えでした。それは端的に言うと、「日銀が間違ったことをやっているからだ」というものでした。

いろいろな話を丁寧に説明してくれましたが、私は違和感が残りました。それは、日銀は確かに間違ったこともしているかもしれないが、では日銀さえ正しいことをし始めれば、息絶え絶えで寝ていた病人が突然復活して生き生きと走り始めるかのように、日本経済が復活するなんてことが本当にあるのだろうか、という素朴な疑問です。この疑問は、後でさらによく考えなければいけないテーマとつながります。

ここで、リフレ派の認識論的な前提に触れておきましょう。リフレ派の浜田《はまだ》宏一《こういち》氏――彼は安倍政権のブレインでした――の本には、例えばこう書いてあります。「リフレ政策とは、人々の「デフレが続く」という予想を、日銀による大規模な金融緩和政策によって「今後は緩やかなインフレの状態が生じる」という方向に転換させ、投資と消費を喚起し、失業率を低下させ、景気を回復させる政策の総称である」（浜田宏一・安達誠司『世界が日本経済をうらやむ日』幻冬舎、二〇一五年、一八頁）。日本の長期停滞、長期不況はデフレなのだ。だから「デフレからの脱却」が必要なのだ、と。

実は、私はこの時点でいきなり躓《つまず》きました。「デフレからの脱却」という言葉自体が、私には倒錯しているように感じられるからです。デフレとは物価の継続的な下落ですから、それだけをとれば貨幣現象です。そこでやや哲学的に言えば、現象に対しては本質があります。物事の順番から言えば、本質があってその現れである現象がある。その意味で、デフレとは本質ではないわけです。ではデフレ現象の本質は何かというと、不況、つまり需給ギャップです。そうすると、需給ギャップを正さなければいけないのではないか、という話になります。

話を戻しますが、デフレこそが問題だという浜田氏の本には、次のような流れが書いてあります。デフレが起きる理由には、(1)将来不安がある。先行きが不安で怖いので、(2)企業も個人も財布の紐《ひも》を締める。すると消費・投資が減少する結果、物が売れなくなる。すると企業は安売りに走る。さらには、(3)みんなで安売り競争を始め、それが多数の産業に広がり、物価がスパイラル的に下がっていく、と。

他方で、先ほど述べたような、デフレ＝貨幣現象という認識が示されます。デフレは貨幣現象にすぎないのだ、要は現象レベルで目詰まりが起きているだけなのだから、邪魔しているものを取り除き、目詰まりを解消してやればいい。邪魔しているものの正体は、日銀だ。日銀が適切な通貨の供給を怠り、適切な金融緩和を行なわないのでデフレが起きている。だから、貨幣供給量を増大させていけばデフレが退治できる、と。そして「毎年二％の物価上昇」実現という目標設定が日銀のポリシーの中に導入されていきます。それによって「インフレ期待」が起こってくる。そうすると、インフレが予想されるなら今のうちにお金を使ったほうがいいことになり、皆がお金を使い始める。そこで、右の⑵、⑶とは逆のメカニズムが働いてデフレから脱却できる、というのです。

この理論では、なぜデフレが起こるのかと、どうしたらデフレから脱却できるのかという、本来同次元にあるはずの問題が、異なる次元で論じられていると私は思います。デフレが起こるメカニズムの説明については、何ら異論がありません。将来が不安だと皆が思っていると財布の紐が固くなる。それで物が売れなくなり、値下げ競争になり、デフレスパイラルに陥っているのが「失われた二〇年」の日本経済の姿だ、と。それは正しいと思います。

しかし、そこからどうやって脱出するかと問うたとき、お金の量を増やせばいいのだ、という答えはおかしいのではないでしょうか。デフレを起こしている引き金は何かと言えば、将来不安です。結局、これを取り除かなければならない。リフレ派からすれば、インフレ期待が将来不安を打ち消すのだと言いたいのでしょうが、まるで納得がいかない。「インフレになるから、私の将来は大丈夫だ」、とは思えないからです。インフレになるとして、中年以上の人なら「私の老後は大丈夫だ」、後期高齢者の人なら「自分の子や孫は安泰だ」と思えるのでしょうか。全然思えないのではないでしょうか。ここでずれが生じていることが、リフレ派の理論の奇妙なところです。

リフレ派も反リフレ派も勝者ではない

大規模異次元金融緩和によって、実際はどうなったでしょうか。成功したか否かで言えば、「毎年二%の物価上昇」は完全に失敗に終わりました。これは日銀の黒田総裁も認めています。ただ、これを言い出した張本人である安倍晋三氏は、景気が良くなったのだから物価上昇目標は関係ないと言いつのり、アベノミクスは成功したのだと強弁しました。途中から、あれだけ喧伝《けんでん》していた物価上昇について、まるで「そんな話はどうでもいいんだ」という姿勢になった。

リフレ派は確かに、物価が二％上がったら絶対にデフレを脱却できるし、それさえできれば日本経済は良くなると言っていたのに違ったし、できなかった。その意味では、リフレ派は敗北したと言えます。他方で興味深いのは、アベノミクスが始まったときに侃々《かんかん》諤々《がくがく》の議論になったことです。経済学者やエコノミストが激しく論戦、論争を展開しました。

例えば、中央銀行は物価の水準を意図的に上げることができるのか、貨幣供給量を増大させればインフレ期待が形成され、実際に景気が良くなるのか、といった論争です。これらはかなり学術的な問題ですが、多くの人たちがその論戦に参加しました。同時にそれは、単なる学術論争でなく、政策を左右する論争だったのです。ですから、これを政治思想史的な出来事としてとらえることもできるはずです。今の時点から、あれは一体どういう思想と思想の戦いだったのかをふり返ることも大事ではないか。その意味で、アベノミクスという政策は興味深かった。

リフレ派の巨頭である岩田《いわた》規久男《きくお》氏（学習院大学名誉教授）は、安倍政権下で日銀副総裁になりました。記者会見で、「毎年二％の物価上昇を実行すると言っているが、できなかったらどうするんですか？」と質問され、「そのときには辞めます」とはっきり宣言しました。岩田氏は目標達成できなかったにもかかわらず、辞任しなかったのですが。

ところが、では反リフレ派が勝ったのかというと、そうとも言い切れません。一部の反リフレ派の人たちは、このような勢いで貨幣供給量を増やしたら、行き着くところはハイパーインフレーション（貨幣価値の暴落）だ、と言っていました。そして、金融機関が持っている国債を日銀が買うことで貨幣供給量を増やすのは、実質的には財政ファイナンスではないか、と。

財政ファイナンスとは中央銀行による国債の直接引き受けですが、これは非常に危険なものであると経済学の常識では考えられてきました。例えば、政府が「三〇〇兆円が必要だ」と書いて日銀に渡すと、日銀が「いいですよ」と言って三〇〇兆円を発行して貸してあげる。こうした国債の直接引き受けは、してはいけないことになっています。それを行なうと財政規律が機能しなくなり、ついには通貨の信認を失わせ、ハイパーインフレを引き起こすからです。

アベノミクスにおいて、日銀は事実上、一般の市中の銀行が持つ国債を無制限に買い取る姿勢を見せ、国債の発行残高自体は多額にのぼるのだから買い上げによる通貨供給量の

日銀当座預金残高の推移

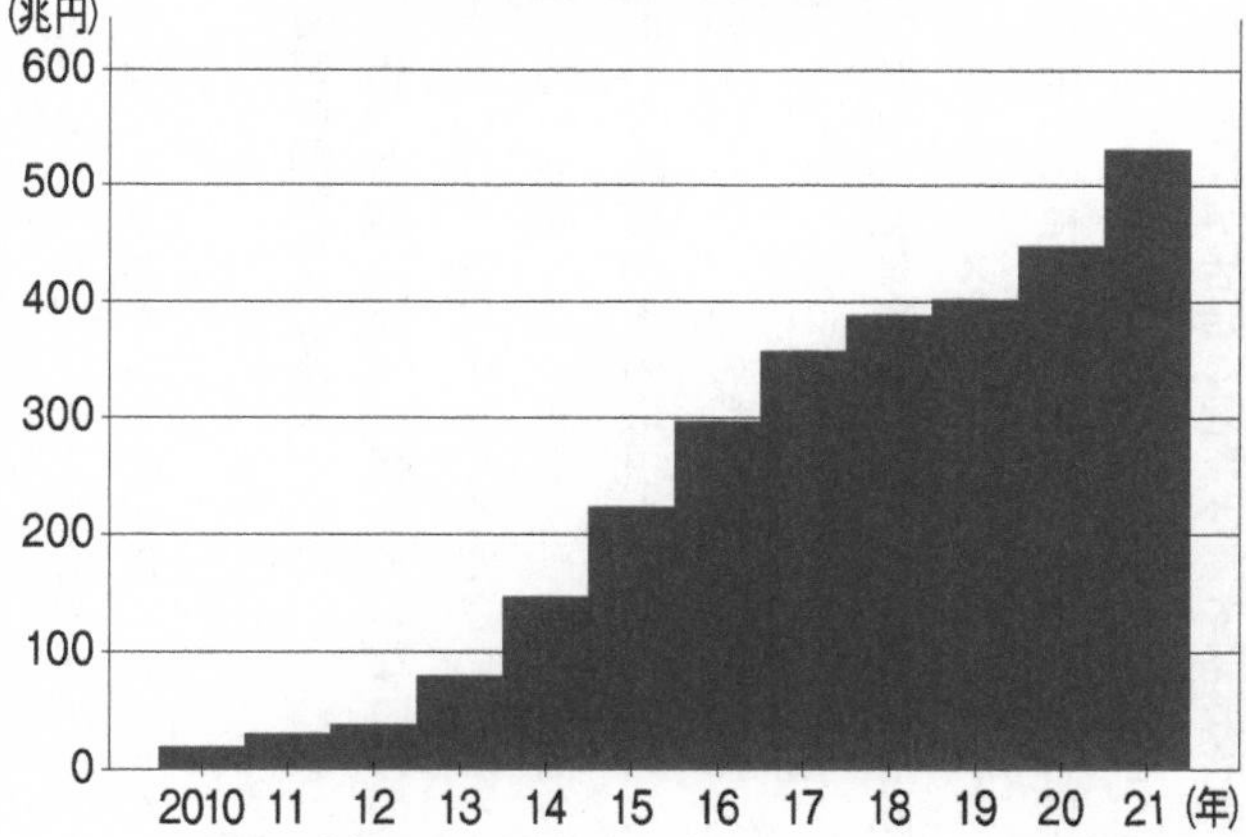

出典：日本銀行時系列統計データ検索サイトより。暦年、平均残高で作成

大幅な増大は可能だ、と言う。日銀が政府に直接金を貸しているわけではなく、政府が市中銀行から金を借りて、その債権を日銀が市中銀行から買っている形になっているので直接的な財政ファイナンスではないけれど、結局は同じことで、実質的には財政ファイナンスになっていて禁じ手を使っていると批判されてきたわけです。

しかし、このハイパーインフレを懸念する批判も今のところ当たっていません。九六ページのグラフをもう一度見れば、確かにマネタリーベースで供給量は四倍から五倍になっています。これだけジャブジャブお金を投入すれば、単純計算でお金の量を四倍にしたのだから、貨幣の価値は四分の一に下がる。とすれば、物価の水準が四倍～五倍にハネ上がってもおかしくない。ところが、現にそういうことは起きていません。

貨幣の回転速度が落ちている

なぜ、物価の暴騰は起きていないのでしょうか。一〇七ページ「日銀当座預金残高の推移」というグラフを見てください。アベノミクスが始まると、日銀当座預金残高がものすごい勢いで増えています。日銀当座預金とは、各市中銀行が日銀に持っている、日銀および他の金融機関との取引をするための口座です。金融緩和に伴い日銀が銀行保有の国債を買い上げると、その代金がこの口座に入ってきます。法定準備預金額といって、市中銀行は預金額の一定の割合をこの口座に預けなければならないと決められています。逆に言えば、金融機関は預金のうち法定準備を除いたものを融資に充てることができるわけです。

アベノミクス以降、この準備預金が激増している。日銀が国債を買い取った代金が、当座預金の中に入ってきて、市中の金融機関の手元には多額のお金が積み上がった。アベノミクスの目論見《もくろみ》としては、そのお金をどんどん多方面に融資して経済を盛り上げてほしかった。それが活発に融資されて経済活動を盛んにし、景気を回復させるはずだった。ところが現実には、増えたお金は日銀当座預金に積み上がっているだけなのです。

本来、銀行は貸し出さなければ儲《もう》けが出ないのですから、ほとんど金利のつかない日銀当座預金には法定の最低限だけ入れておいて、あとはできるだけ多く貸し出すのが合理的です。ところが現実にはそうなっていない。それはつまり、銀行が貸す相手がいない、ということです。適切な借り手が見つからず、結局お金が当座預金に眠っているだけになった。さらに日銀は、二〇一六年一月にはマイナス金利政策といって、法定準備を超える日銀当座預金に対して負の利子を課すという政策にまで踏み込みました。その狙いはひとえに、市中にお金がもっと流れるようにすることです。しかしそれでもなお、日銀当座預金は増え続けた。

この残高の推移は、なかなか両義的な数字だと思います。日銀当座預金にお金が余分に積み上がることを「ブタ積み」と言うそうですが、このブタ積みは、まさにアベノミクスがうまくいかなかった原因であり証拠となっています。しかし同時に、こうしてブタ積みになっているから破滅的なハイパーインフレも起こらず、私たちはなんとか暮らしていけている。だからこの残高の数字は、悲しんでいいのか喜んでいいのかよくわからない、両義的な数字です。

もし、一気に増えたお金の大部分が目論見通りに市中に流れ始めたらどうなったでしょうか。二%どころの物価上昇で済むはずがありません。それだけの量を増やしたからです。それなのに景気がとくに良くなっていないのは、貨幣の回転速度がものすごく落ちていることを示します。お金はたくさんあるけれど、実はそれが動かない世の中になっている。

リフレ派に言わせれば「それでうまくいく」、反リフレ派に言わせれば「それはやばい、破滅への道だ」というのが、異次元金融緩和でした。現実には、どちらも起こりませんでした。成功もしなかったし、破局も起こらなかった。だからおそらく異次元なのは、私たちが置かれている今の経済環境、経済の仕組みのほうです。経済の現実が、既存の経済学の前提からは恐らくずれてきているのです。そのために、どちらの予想も当たらなかった。では一体、現実に私たちが生きている経済世界はどういう仕組みになっているのか、このことを改めて考えなくてはいけません。そこで問題となるのは何かについては、後述します。

異次元金融緩和に関して付け加えれば、日本政府は事実上、為替操作をしています。これだけの金融緩和は円が多量に発行されることとほぼ同じなので、為替レートは円安のほうに振れていきました。ただ為替操作もしてはいけないことになっているため、政権幹部や中央銀行の幹部は、狙いが為替操作だなどということはおくびにも出していません。しかし明らかに、アベノミクスの政策には円安に誘導する意図があり、ときどきはその本音も洩《も》らされました。為替操作をしているのでは？　円安誘導をしているのでは？　という指摘に対しては、円高が行き過ぎているから少し是正しているだけだといった返答がされました。

ここには、為替レートが円安になれば日本経済は元気になるはずだという、ある種の神話があります。そういう認識論的前提があり、実際それによって株価は動きます。つまり円安に振れれば、投資家たちは日本企業の業績が好調になると判断し、日本株に買いが入る。それで実際に株が上がるから、先述したように、アベノミクス以降、日経平均とマネタリーベースが連動しているようにも見えてくるのです。

こうしたなかで、安倍政権は「アベノミクスの効果で景気が良くなって株価が上がった」と宣伝しました。しかし、株式市場の活況が経済の実態、普通の人々の懐具合から乖《かい》離《り》しているというのは、もうだいぶ前から言われている通りです。株価重視というのも気分を重視した政策ですね。株価が上がっていると何だか景気が良くなった気がしてきて、みんながお金を使うようになるはずだ、と。

こうして、アベノミクスの異次元金融緩和はうまくいきませんでした。ただし、反対派が懸念したような大崩壊も起きませんでした。異次元金融緩和の本質は、日銀による市中銀行保有の国債買い上げによって供給された貨幣が、日銀当座預金口座に滞留している、ということです。今もまだ滞留しているのが、重要な本質です。

「雇用増大」「景気回復」は単に人手不足によるものだった

このように金融緩和がうまくいかないなか、先述したように安倍氏は「毎年二％の物価上昇」の話をしなくなります。本音を言えば「みんな、忘れてくれよ」ということなのでしょう。そこで、違う点をアピールし始めました。「雇用は増えたんです。失業率が下がったではないですか。景気は回復しています。だから物価上昇二％はどうでもよろしい」と言い始めた。けれども、この雇用も、安倍政権期で本当に良くなったとは言えません。

私は就職氷河期の世代です。それに比べると、今はコロナショックでまた情勢が変わっていますが、数年前の新卒大学生は、よほどのことでなければ就職できました。その様子を見ていると、「就職はただの運だよな」と感じたものです。日本経済が本当に元気になったから新卒者の就職が良くなっているのではないからです。それは、人手不足によるのです。その人手不足は、団塊世代の退職と、いわゆる氷河期世代の雇用をあまりに絞ったためにもたらされました。そう考えると、安倍政権期において新卒者の雇用は確かに好転したけれど、それはアベノミクスのおかげとは言えません。

さらに雇用増の多くは不安定な非正規雇用であり、非正規雇用者の数は安倍政権期になってから今に至るまで高止まりし続けています（一一四ページのグラフ）。だから雇用の質が改善されたとは到底言えない。また賃金の問題もあります。まず名目賃金について、一一五ページのグラフを見てください。このデータは一九年までしかありませんが、名目賃金が安倍政権期に増えたといっても、微増です。消費者物価を加味すると、実質賃金は低迷しています。というか下がっています。これは実質的な所得の減少ですから、景気が良くなったことを実感できないという意味でも、アベノミクスがうまくいったとは言えませんでした。

こうしてアベノミクスは総じて駄目であったと批判せざるを得ないのですが、その際に心がけたいのは、なるべく安倍晋三氏個人のせいにはしたくない、ということです。そもそも安倍氏に経済政策について自力で考える力があるとも思えません。約束した経済回復がうまくいかず、今もうまくいってないことに、一因として政治家個人の能力があるとし

非正規雇用労働者数の推移

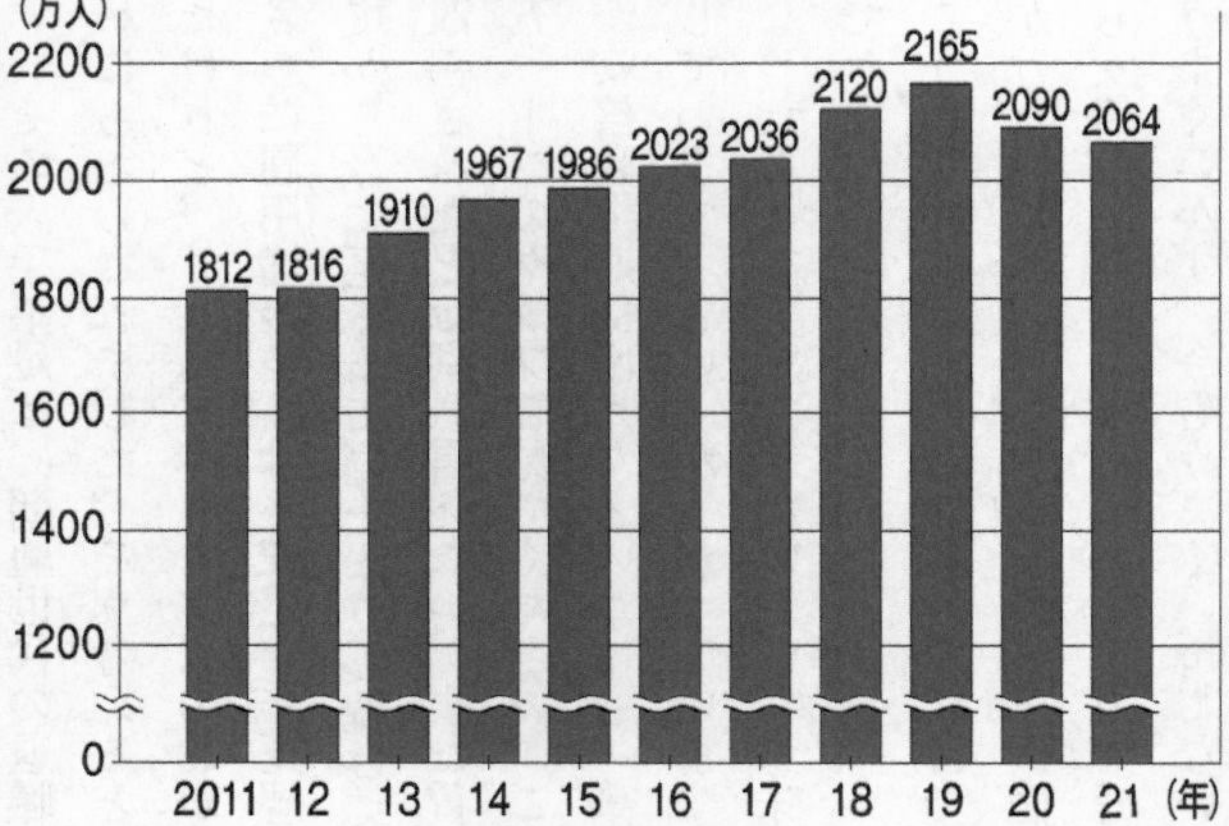

出典：総務省統計局「労働力調査」(2022年2月15日)より作成

ても、やはりもっと構造的に考えなくてはいけません。単に政治家のパーソナリティーの問題でなく、社会構造がこういう事態を生んだということを適切にあぶり出し、そのことを多くの人が理解する必要があります。

安倍氏も、一応所得の問題を考えてはいました。金融緩和などによりインフレ期待を形成し、実際に景気が良くなるという話に裏づけを与えなければならなかったからです。そのとき株は上がっていたし、実際に景気が良くなる気配は出てきたはずでした。とはいえ何と言っても賃金が上がらなければ、みなが財布の紐を緩めようとしないことを、さすがに安倍氏も理解していた

物価上昇と賃金上昇の乖離

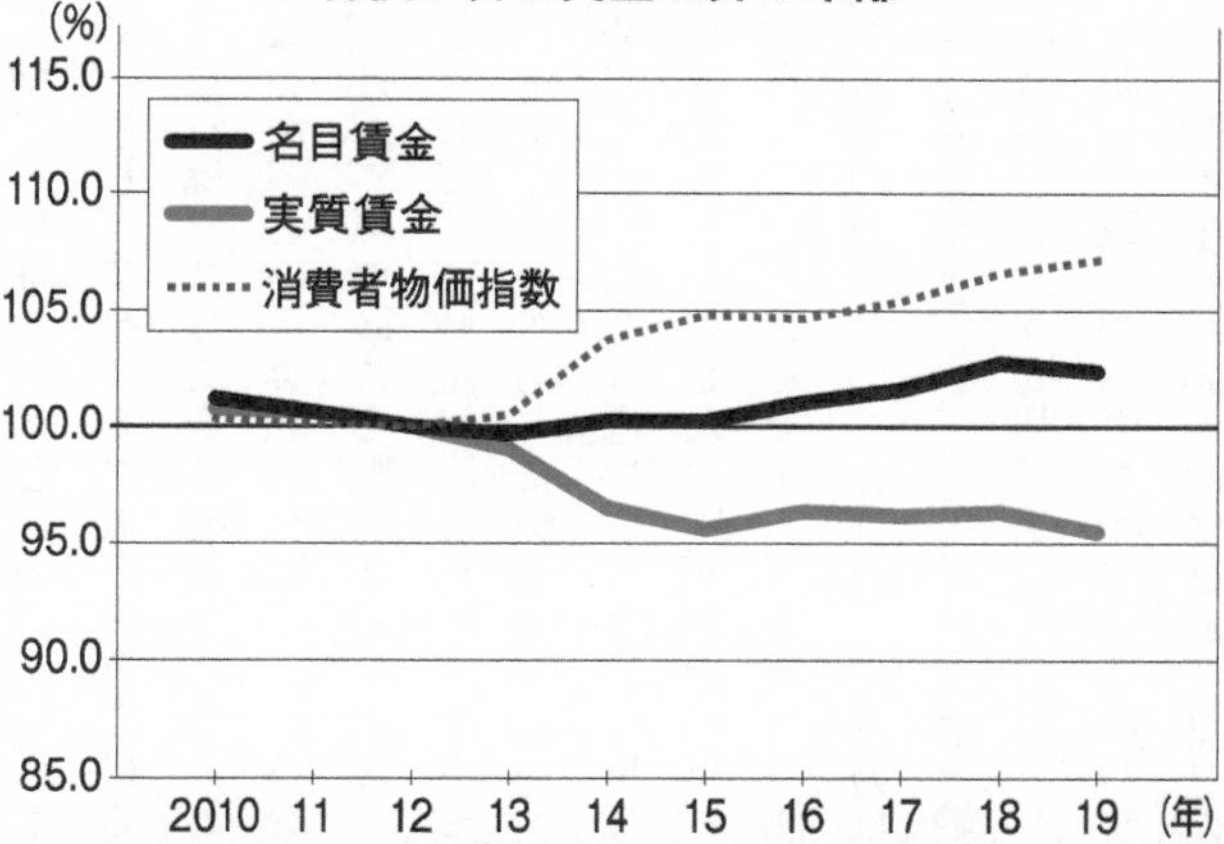

出典：明石順平『財政爆発』角川新書より作成。賃金は厚生労働省「毎月勤労統計調査」、消費者物価指数は総務省統計局「消費者物価指数」をもとに明石氏が算出したもの

し、彼を補佐する官僚たちも理解していました。そこでさまざまな献策が行なわれ、例えば政労使会議のようなものも開催されました。政労使の政は政治家で、労は労働組合で、この場合は連合です。使は、労働者を使用する者つまり資本家で、この場合は経団連です。

ここで、賃上げに関する合意をつくろうとしました。さらには経団連に対して賃上げ圧力をかけました。これはキーポイントで、経団連にこれだけ圧力をかけた政権は近年なかったかもしれません。特に安倍政権が発足した当初、経団連のトップは、日銀が政策を変更することで持続的に物価が上がり、デフレ脱却と景気回復が実現することなどあり得ない、と言って反対しました。ところが、安倍自民党は実際に選挙で圧勝しているし、アベノミクスを大きく打ち出したことにより、世間の政権支持は上がっている。これはマスコミを味方につけたことも意味しますが、安倍氏が何かやってくれるのではないか、という雰囲気が盛り上がるなかで、経団連も引きさがっていきます。そもそも経団連が本気で政権と喧嘩《けんか》することは、ほぼないわけです。

こうして安倍政権は経団連も屈服させ、さらに経団連に対して賃上げをしろと命令していきます。そのため「官製春闘」などとも言われました。政府の側が、「もっと賃上げを認めてもいいんじゃないの」という形で春闘に介入していく。それに対して、当然経団連側の反発はありました。興味深いのは、連合もこういうことに対して「おかしいだろう」と批判していたことです。賃金とは労働組合と資本家が対峙《たいじ》して決めるもので、国家が介入するものではない。こういうやり方は国家社会主義（国家主義の立場から資本主義社会の矛盾、諸問題を解決しようとする思想と運動。国家の社会・個人への介入を前提とする）的ではないか、という批判です。

しかし、政労使三者が顔を突き合わせて合理的な賃金の水準を決めていこうという考え方は、突拍子のないものではありません。いわゆるコーポラティズム（協調主義）といって、資本主義体制の中にも例がある――北欧などに多い――のです。

こういうわけで、アベノミクスの失敗について安倍政権だけを悪者にしたいと私は思いません。だいたい連合だって、政権から「春闘に介入しようか？」などと提案されて反発するというのは筋違いも甚だしいわけです。要するに、労働組合としてまともに機能してこなかったから介入を提案されたわけでしょう。反発する前に己を恥じなさい、という話です。

経団連については言うまでもありません。後にまた立ち戻りますが、日本の経営者の安易な発想、構想力の不在、要するに経営者としての資質の低さによって、出口なしの停滞が招かれた。そこで、政権から「内部留保ばっかり貯め込んで、払うべきものを払ったらどうだ？」と言われてしまった。安倍政権もダメだったかもしれないけれど、経団連もダメだし、連合もダメでしょう、ということです。

アベノミクスが提起した哲学的問題

国会で「日教組、日教組」と野党議員に野次を飛ばしていたことからもわかるように、安倍氏は労働組合が大嫌いです。しかし側近や官僚に、賃上げを実現するためにはそういうことも必要ですと言われ、連合にも経団連にもしぶしぶ発破をかけたわけです。ところがこれも、結局うまくいきません。政府主導の賃上げ圧力も、それこそ日銀を屈服させたときのような迫力は全然なかった。ですから、実効性はなかったわけです。

そう考えると、アベノミクスの成果とは、哲学的問題を提起したことではないか、と思えてきます。その問題とは、中央銀行とは何かという問いです。この問いについて、私は近年いろいろと考えるようになりました。ところが考えれば考えるほどわからなくなる。大変難しいのです。

まず、アベノミクス導入によって起きたことの経過を辿《たど》りましょう。

第一段階、すなわち安倍政権成立前の時期には、日銀へのリフレ派からの批判攻勢がありました。先に若田部氏のエピソードを紹介しましたが、彼のような学者、エコノミストたちが、日本の長期不況の最大の犯人は日銀であるとの論陣を張っていた。日銀がおかしなことをしているから、ほかの先進諸国は成長を取り戻しているのに、日本だけが取り残されている、と。その際の批判の根拠は、日銀の「頭が古い」ことにあったようです。日銀は、物価の安定を金科玉条として、それ以上のことをしないし、すべきでないと思っているのだ、と。

ここは微妙な論点ですが、こうした批判を敷衍《ふえん》すると、今や日銀に期待されているのは、景気を良くすることだ、ということになる。恐らくリフレ派の中でも人によりニュアンスが違うと思いますが、少なくとも最初リフレ派は、日銀は経済の邪魔をすべきでないと言っていたはずです。サッカーの審判のような存在をイメージしてみてください。サッカーはもちろんサッカー選手がやるもので、審判がやるものではありません。審判は中立的な裁定者としてボールの近くに寄り添い、言うまでもなくボールに触れてはいけない。プロサッカーの試合でも、たまに「審判が邪魔じゃないか」と思えることがありますが、リフレ派の当初の主張は、日銀が下手なサッカーの審判のようなことをしている、というものでした。つまり、ボールや選手のスムーズな流れを審判が邪魔しているぞ、と。

ところが、だんだん批判が昂《こう》じてくると、違うニュアンスが現れてきます。日銀はこういう具合に余計な邪魔ばかりしている。日銀の政策は決定が遅く、規模も小さすぎる。思い切った策を取る必要があるときに、戦力をちびちび逐次投入したりしているから景気が悪いままなのだ、という攻撃を四方八方から受けていました。さらにリフレ派の一部は、このゲームがつまらないのはゲームがうまく流れないからで、それは審判のせいだ、という主張に傾いてくる。たまに邪魔をしているという批判だけでなく、審判のせいでゲームがつまらないとまで言われたら、審判にはゲームを面白くする義務があることになります。そうなると日銀は、「それは違うだろう」と言いたくなるでしょう。プレーするのはあくまで選手であって、審判ではない、と。試合を面白くできるのもプレーヤーであり審判ではない、という考えが、基本的に日銀にはあったはずです。

日銀の安倍政権への妥協と屈服

言い換えれば、経済そのものの調整、整理はできるけれど、動かすことはできないのだという古典的な認識が、日銀にはあるわけです。日銀は結局、リフレ派の議論を採用した安倍氏が政権につくと、ゲームを面白くする義務が日銀にはあるという主張に妥協せざるを得なくなります。それを示す共同声明、覚え書きも発しましたが、この妥協した段階が、アベノミクス導入によって起きたことの第二段階です。この時点の日銀総裁は白川方明《しらかわまさあき》氏です。おかしなことを要求されている、嫌だなと思いながらも、政権と対立するわけにもいかず、白川総裁は妥協したことになります。

そして次に、屈服するという第三段階に達します。白川総裁は任期満了を目の前にして日銀総裁を辞め、その後総裁となったのが黒田東彦《はるひこ》氏です。この人はもろに安倍氏の息がかかった、完全にリフレ派の人物です。彼が総裁になったことで日銀は、嫌々ながら政権に引きずり回されるのではなく、いわば安倍政権と一心同体となってアベノミクスを推進する姿勢へと転じます。つまり旧来の日銀の考え方からすれば、完全に屈服した、ということになるわけです。

このような過程で、日銀内部にもすでに迷いが生じていました。リフレ派をはじめとする陣営から受ける、日銀は日本経済の邪魔ばかりしているという批判に対し、日銀の人々は「私たちのせいではない」と考えてきました。日銀が経済をコントロールできるわけではない、経済成長の仕掛け人にはなれないと反論しながら、一方で自分たちは本当にこれでいいのだろうかという疑念も広がり、大きくなってきていたのです。

そうした動きの結果、最終的に政治に従うことになりました。けれども「毎年二%の物価上昇」は、結局実現できず挫折《ざせつ》します。その間、株高の演出に一役買うかのように、日銀は株の買い入れを大幅に拡大しました。屈服もここに極まれりですが、それでも景気はよくなりません。ですから、結局のところ日銀は、迷走を重ねてきたのだと総括すべきでしょう。一時期に比べると、日銀そのものがニュースにならなくなってきている印象もあります。あれだけ花火を打ち上げた「毎年二%の物価上昇」がうまくいかなかったわけですから、もう何を言っても負け犬の遠吠《とおぼ》えにしか聞こえなくなっているところがあります。プライドの高い日銀マンからすれば、このような状態に対して忸怩《じくじ》たる思いがあるでしょう。

そもそも中央銀行とは何か

こうした経緯について一歩引いて考えて見ると、そもそも中央銀行とは何なのか、ということが今改めて問われているのだと思います。日銀は役所ではありませんし、日銀の行員は公務員でもありません。ところが一見、役所のように見えます。何せ通貨発行権という行政的な権限を持っていて、財務省や政権と頻繁かつ密接な関係を持ち、行なっていることはあくまで国の政策なのですから。その意味で役所的ですから、日銀マンを「日銀官僚」と呼ぶ人もいます。日銀の中の人間は、実質的には官僚ではないか、という考え方です。

一方で、いくら日銀が役所のように見えようとも、法的に見れば役所ではないのです。その証拠に、日銀は正式には認可法人というものですが、株式会社のような性格も有しています。というのも、日銀の株はジャスダック市場に上場されていて、実は買おうと思えば誰でも買えるのですから。その意味では、日銀は一銀行にすぎません。確かに私たちの使っているお金は日本銀行券ですが、通貨の歴史を眺めれば、〇〇銀行券をさまざまな銀行が発券している状況はいくらでもあったわけです。今日ではあまりありませんが、歴史的にはたくさんあった。例えばオーストリア生まれの経済学者で、新自由主義の代表的理論家であるフリードリヒ・ハイエク（一八九九―一九九二）はそういった、いろいろなお金＝銀行券同士が、どれだけ信用があるか競争している状況が望ましいという議論を立てました。

ところが今の日本（他の多くの国が同じですが）では法定通貨といって、基本的に日本銀行券しか流通してはいけないと、法で定められているわけです。受け取り拒否ができないのですが、そのような状況は人工的につくられたという面が確かにあります。

ですから、考えようによっては、日銀とは、たまたま唯一通用すると定められた銀行券を発行している銀行にすぎないではないか。その証拠に、普通の企業と同じように株式を発行しているし、そのバランスシート、財務、貸借表などもあるわけです。一般企業と基本的に同じ組織だという考え方も、成り立つのです。

こう考えてくると、実にわけがわからなくなってくる。日銀は役所でもなければ一般企業でもない、鵺《ぬえ》のような存在なのです。なお、こうした中央銀行の両義的な性格は日銀に限ったことではありません。近代的な中央銀行の歴史的起源は、一六九四年創立のイングランド銀行に求められますが、同銀行が通貨発行権を独占していわゆる中央銀行となったのは一八四四年のこと、実に創立から一五〇年も経ってからのことです。つまり、今日の中央銀行のようなはっきりとした行政機関的な性格をイングランド銀行が確固たるものとして帯びるようになるまでにはかなりの時間がかかっているのです。

そして日銀の独立性、中立性は、お経のようにお題目としてよく言われることです。日銀は国家から独立しているのだ、と。国家的な機関でもあるのに国家から独立しているという、これまた不思議な話です。こういった性格づけの点では、公正取引委員会や人事院、あるいはさまざまな司法機関などに似ています。

国家の機関でありながら国家から独立している、という場合の国家とは何かというと、建前としては民主主義国家です。民主主義体制では原則的には、特定の党派が国民からの支持を受けて政権を運営していることになっています。そういう政府のトップは国民によって選ばれているので、どうしても国民の人気を考えないわけにいかず、国民の支持を得なければいけない。したがって、どうしても人気とりの政策に走ります。その最たるものが、国債の無制限発行によるばらまき政策です。政治家は、中央銀行が引き受けて輪転機を回せばいいのだから、いくら借金をしてもいい、という政策を行なうに違いない。だからこそ、中央銀行は国家から独立していなければならないとされます。

この独立性は、政治的な中立性とも言い換えられます。政権与党は、特定の考え方やら信念やらに基づいた政策を打ちます。それに対して、中央銀行は価値判断をしてはいけないのだ、ということです。日銀は、政治権力に対して超然たる立場に立って、とりわけ物価の安定性、経済秩序の安定性を維持する番人である。

先にサッカーの審判に喩《たと》えましたが、国内でなされるさまざまな経済活動が、ルールと秩序を守って行なわれる状況を確保することが、日銀の仕事です。だから、政府が何をしたいのかという問題と、日銀は基本的に関係がないことになります。追求していることの次元が違うからです。政府が何かをするといったときに、日銀がその政策を好ましいと思ったから協力する、好ましくないと思ったから邪魔をする、などということは原則的にあり得ない。協力も邪魔もしないのが、中立ということです。日銀は、ひたすらこれを追求しているのです。

中立でなくてはならず、中立であってはならず

しかし実際問題として、以上に述べてきた独立性や中立性は、厳密にはあり得ないわけです。とりわけ経済活動全体に占める政府の活動の割合が大きくなれば、当然、政府の活動そのものが経済秩序を動かすことになるからです。原則論から言えば、日銀の独立性、中立性は保たれなくてはなりません。一方で、アベノミクスなどは、日銀が長年「そんなことはできません」と言ってきた政策です。物価上昇率を二%にすることなどできない、とずっと言ってきて、それで白川総裁も抵抗しました（ただし、この抵抗には微妙なところもあります。白川総裁時代も一%上昇までは謳《うた》っていたからです。インフレターゲティング的な政策はすでに安倍政権以前に行なっていたことになります。だからこそ、その後屈服し、積極協力していくことになったのでしょうが）。

本来日銀は中立的でなくてはならないのですが、これまでの常識を覆すような政策を政府が打つと言い出したときに、これに真っ向から反対して断念させることができるでしょうか。そのようなことは事実上、できないのです。もし反対したら、日本で大変なことが起きているぞ、ということになり、市場が大混乱するからです。政権政党と中央銀行が真っ向から対立したら、東京市場の株価は暴落するでしょう。その懸念がありますから、厳

密には中立であることなど事実上不可能です——革命家のような人が中央銀行総裁になれば、話は別かもしれませんが。

したがって、事実上中立的であることなどできはしません。しかし建前上は中立ですから、日銀とは一体何なのか、という問いがますます謎めいたものとなります。中央銀行とは何かという、きわめて哲学的な問いが現れるのです。

ヘーゲル的に言えば、近代社会は市民社会と国家によって成り立っている。市民社会とは経済領域と考えてください。ヘーゲルは市民社会の領域の上に国家の領域が乗っていると考えましたが、日銀は一体どこに位置するのでしょうか。市民社会と国家の間のような場所でしょうか。市民社会の秩序こそ経済秩序ですが、日銀は経済秩序の番人だというのが古典的な認識でした。番人だから役所のようなもので、自らプレーヤーにはならず、見て監視しているだけです。秩序が乱れそうになったら、その限りにおいて、秩序の維持・回復のために介入する。この番人であるという考え方に立てば、日銀役所説が正しいことになります。

しかし、日本のアベノミクスに限らず、リーマンショック以降のアメリカやヨーロッパでも、中央銀行が積極介入しないと経済が回らない状況になっていて、現に介入しています。あるいは中国の経済も、そもそも中央銀行が単なる番人だという見方はしていません。もっと能動的な立場で経済の場を形成します。

ここで問題になるのは、先ほどリフレ派の主張について検討した際の問いと同じなのです。果たして、中央銀行は能動的な秩序形成者となるべきなのか、経済活動の場の形成者となるべきか。それとも最初から自生的に存在する経済秩序をせいぜい邪魔しないようにする、あるいはその秩序を乱す要因を取り除き安定化させるだけという受動的な役割が中央銀行の使命なのか。さまざまな見方が成り立ち、それは同時に、市場と国家、その関係をどう見るのかという社会哲学的な認識の問題と密接に関係しています。

能動性を強調する立場、「中央銀行とは役所だ」という議論も、さらに過激化させていくと、話題のMMT（現代貨幣理論）の理論になっていきます。MMT論者は、中央銀行とは完全に政府の一機関であると断じ、民間銀行に毛が生えたようなものだという考え方を徹底的に斥《しりぞ》けます。

その考え方は国家社会主義と親和的ですが、評価を定めるためには少しロングスパンで見ないといけない、と私は思っています。経済の自生的秩序と通貨は、国際金本位制があった時代とそうでない時代、つまりお金に金属の裏づけがあった時代とそれがなくなった時代とで、性格が変わっているはずだからです。通貨の番人としての中央銀行の性格も、当然両者では違っているのです。

金本位制などずいぶんと昔の話ではないか、と思うかもしれません。ところが実は、ブレトンウッズ体制（英米を中心につくられた国際通貨体制。一九四四年に成立したブレトンウッズ協定に基づく）が崩壊するニクソン・ショック（一九七一年）まで、残骸《ざんがい》のようではあれ、金本位制は生きていたとも言えるのです。ブレトンウッズ体制とは、金がありドルがあり、ドルだけが金と交換できるがほかの通貨はできないという世界であり、言わば間接的な金本位制だからです。ニクソン・ショック以降、つまり一九七〇年代以降は完全に不換紙幣だけの世界になっていきます。不換紙幣だけになると、いくらでも紙幣を発行できてしまう。原理的には発行の物理的上限がないため、異次元金融緩和などという政策も可能になるわけです。その際、中央銀行には一体何ができるのか、何をしていいのか、といった問題は、恐らく社会哲学的にも経済学的にもまだ整理されていない気がします。

安倍政権時代に日本は後進国化していった

残りの二本の矢についても考えていきましょう。②機動的な財政出動というのは、ケイ

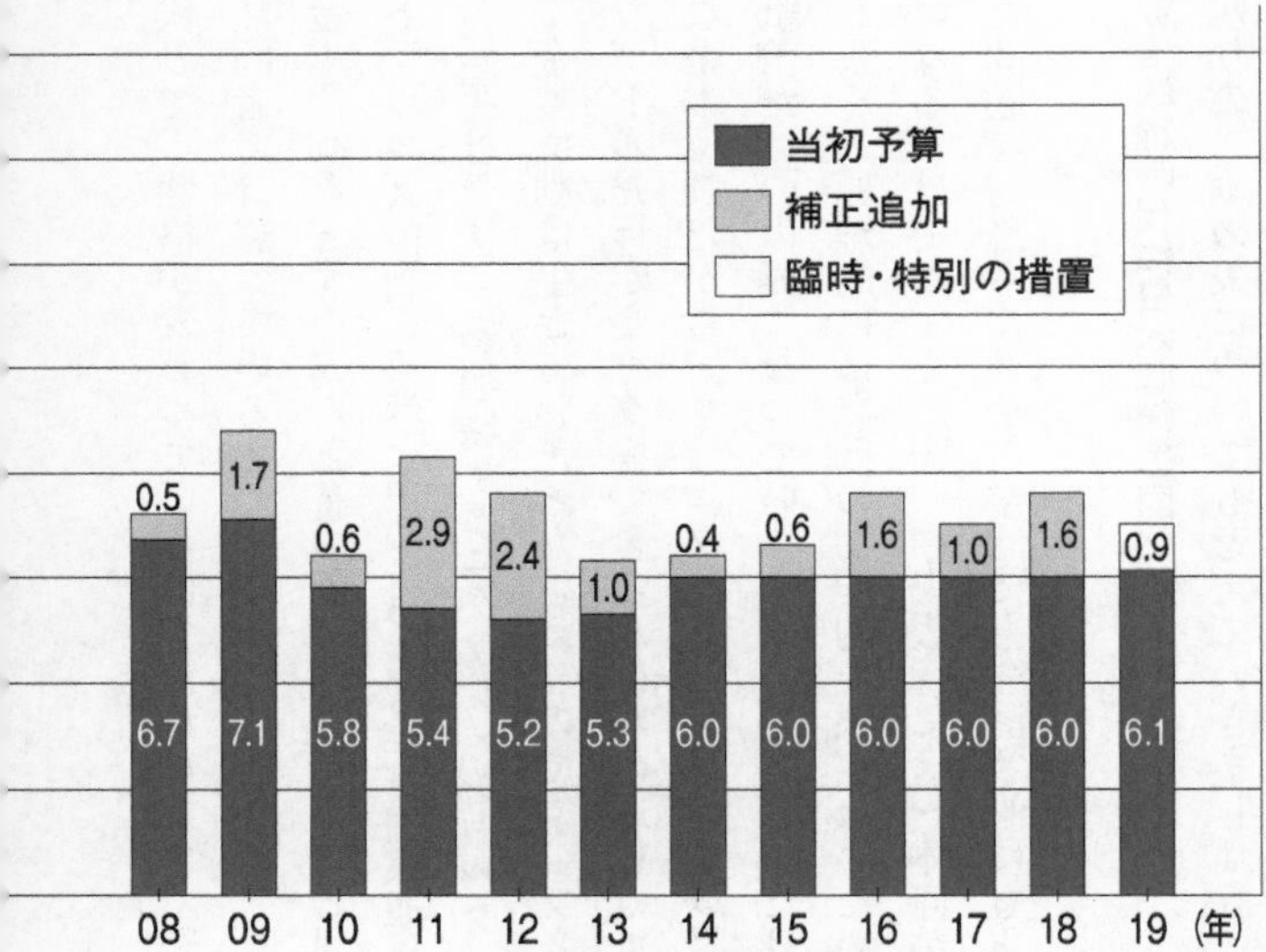

出典：財務省「社会資本整備」(2019年5月16日)より作成

ンズ派的な政策で、こちらのほうに期待した論者もかなりいました。

また、財政出動をきちんとやらなかったから、金融緩和政策も期待された効果を生まなかったのだという議論をする人もかなりいます。

財政出動がなされていないことを示す根拠として、上のグラフを見てください。これを見るとわかりますが、漸増はしているものの公共事業は安倍政権になってから大きく増えてはいません。コロナ対策のあった二〇年以降の方が増えているでしょう。つまり第二の矢は放たれなかった。このあたりは

公共事業関係費等の推移

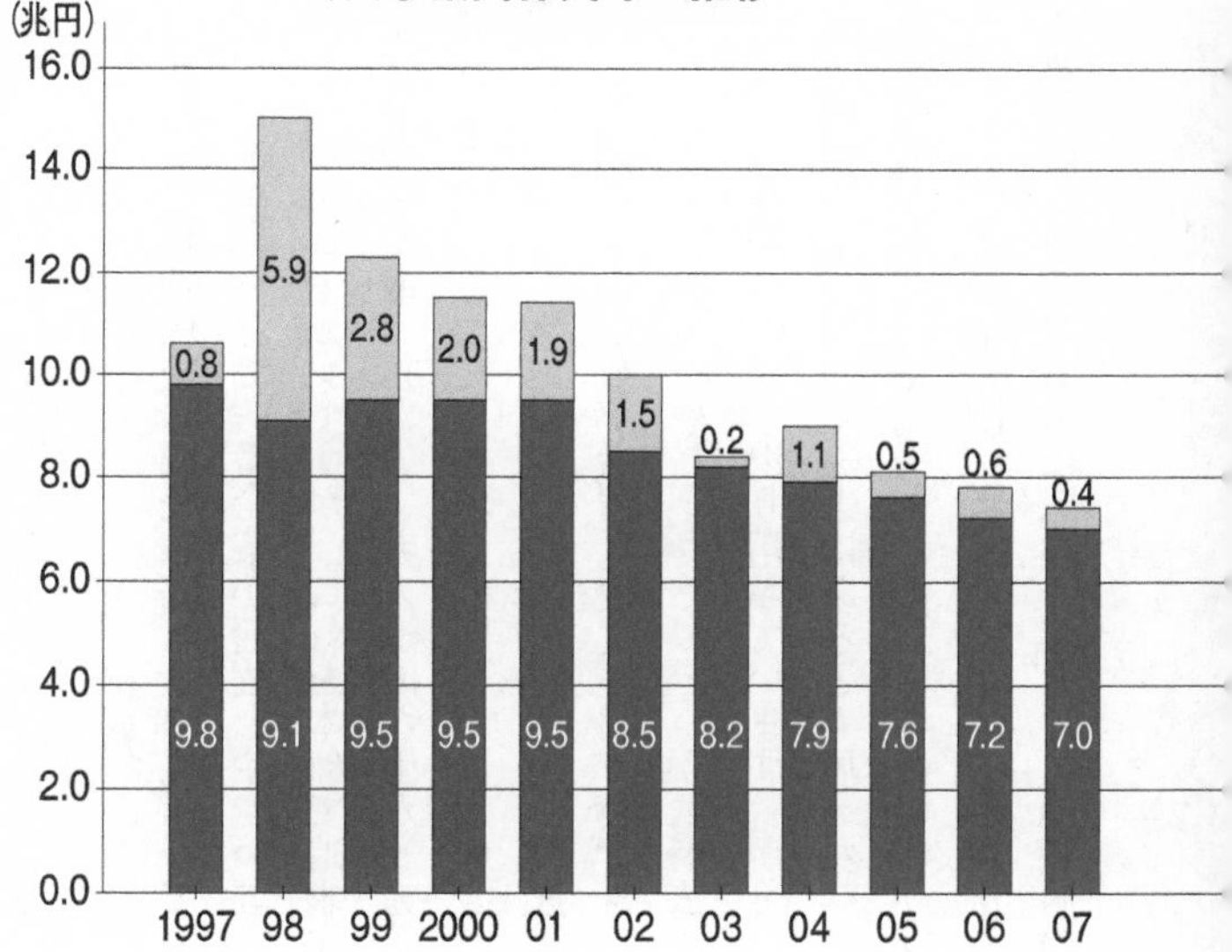

確かにチグハグですね。需要がなくて余ったお金が、日銀の当座預金口座に「ブタ積み」になるわけです。

③の成長戦略についてはどうでしょうか。安倍氏の成長戦略は、実はよくわかりません。安倍氏は一方で新自由主義批判をしていて、弱肉強食をこととする英米型の資本主義にはいろいろ限界が見えている、我が国とは国柄が違う、などと述べます。例えば美しい棚田のようなものを大事にしていくことが日本的な資本主義の在り方なのだと、著書『美しい国へ』（文

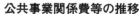

春新書、二〇〇六年）に書いていて、これが「瑞穂《みずほ》の国の資本主義」なんだそうです。よくわかりませんが。

しかし、首相就任後に成長戦略として発言していた内容は、かなりネオリベ的です。例えば、日本を「世界で一番企業が活躍しやすい国」にするのだ、というものです。寒気がするようなスローガンですが、これを本気で追求するなら、いくらでも方法はあります。まず解雇規制を取っ払う――非人道的な働かせ方等を規制している法律を全部無効にする。最低賃金も取っ払って、搾取し放題、労災が起きたときの補償義務も免除する。児童労働を解禁し、ゴミも捨て放題、汚染物質も出し放題にする……。こういうことをしたら、確かに「世界で一番企業が活躍しやすい国」ができるでしょう。そのうち構造改革特区等でそういうことを本当にやりそうだ、という気が私はします。

日本は先進国の座から滑り落ちています。かといって発展途上国という言い方もおかしい。これから上っていく途上にあるとも思えないので、衰退国でしかありません。企業の工場が外国へ出て行く動機としてよくあるのが、安い労賃と環境規制の緩さです。国内で製造していたら環境規制が厳しくてコストがかかる、その点規制の緩い外国に行けば、汚染物質も出し放題で大量に造れる、と。付加価値の創出や人材育成ではなく、目先のコストカットと目先の利潤のみを追いかけ続けたばかりに、世界経済における日本の地位は実質的にどんどん下がり、後進国化していったともいえます。そして実は、彼が「世界で一番企業が活躍しやすい国」にすると言ったことと、これは平仄《ひょうそく》が合っていると言えば言えるのです。悲しい話ですが。

成長戦略としての規制緩和についてはどうでしょうか。「岩盤規制にドリルで穴を開ける」が安倍政権のスローガンでしたが、これもつまりは、企業の活動余地をどんどん自由にしていくべきだという考えです。本当に時代遅れだな、と思います。どう考えても、文明の持続のためにも企業、資本の活動をどうやって規制、統制していくのかが世界的な課題であることがますます鮮明になっている時代だからです。

アメリカは大統領がバイデン氏に替わり、その課題への自覚が出てきたと思います。結局はアメリカを見て日本人も気づくのかもしれませんが、少なくとも安倍氏の時代はそういうことに気づく気配がまったくありませんでした。企業の居心地が良くなれば日本は良くなるのだ、という考えのどこが「瑞穂の国」なのでしょうか。ここで矛盾を感じないのが、安倍氏の天才的な面だったのかもしれません。

トップセールスの失敗

成長戦略として実際試みられた特筆すべきものは、トップセールスだったのではないかと思います。今どこの工業国でもさまざまな大規模プロジェクトの輸出、とりわけインフラビジネスを盛んにやろうとしています。新幹線やリニアモーターカーをシステムごと売ろう、といったビジネスです。その一環として、日本は原発を売ろうとしました。二〇〇五年から始まった輸出政策は3・11以降も維持されます。原子力ムラの人たちが、原子力業界はどうやって生き残るべきか考えた末の起死回生のロジックは次のようなものです。「過酷で深刻な事故を経験して、日本の原発はますます安全安心になったのだ」。ところがやはり、この奇想天外な話を真面目に聞く人は、世界中どこへ行っても見つからないわけです。これは完全に失敗に終わりました。

それから、武器輸出の解禁も安倍政権下で話題になりました。それは安倍政権の軍事的政策との関連において取り上げられることが多かったのですが、実はこれは経済政策的色彩もありました。何とかして武器産業をビジネスにできないか、ということです。例えば、戦車などを内製で造ったら、それはすさまじい赤字になるわけです。何とか少しでも輸出できれば穴埋めができる、あわよくば儲かるかもしれないと考えた。ところが、武器は特殊な商売の世界なので、多様な人脈や外交力など、総合力で売っていくものです。簡単に売れる物ではないということで、オーストラリアへの潜水艦販売はあと一歩のところまで行きましたが、結局これもうまくいきませんでした。総じて言えば、トップセールスは失敗した、ということです。

また、原発のトップセールスは途轍《とてつ》もなく時代錯誤でした。日本の政界、官界、財界の罪の深さは計り知れません。福島の事故をきっかけにして、この一〇年で世界中が自然エネルギーへとシフトしていて、その技術開発は日進月歩です。太陽光や風力で本当にエネルギー需要を賄えるだろうか、そんなことはできやしないから、原発が危険でも頼り続けるしかない、と一〇年前は語られていました。しかし、それはもう過去の話です。再生エネルギーの安定性の問題や課題はもちろんあるものの、そのような問題も少しずつ解決へ向かっています。あるいは、言い換えれば、そうした問題の解決策を考え出すところに利潤の源泉があるのです。

京セラや、今はなくなった（パナソニックによって吸収合併された）サンヨーをはじめ、一〇〜一五年前の日本のメーカーは、太陽電池などは世界で一流でした。そうしたメーカーが世界でトップを争っていましたが、この一〇年で海外勢にどんどん追い抜かれ、かつて上位に位置した日本企業は、今や見る影もありません。

科学技術大国がなぜこれほどまでに没落したのか。要するに、国家の方針の骨子が定まらないからです。さすがに日本政府も再生可能エネルギーを増やさなければ、と言っていますが、他方で原発を何とか残したい、あるいは増やしたいといった下心が経済産業省と自民党には頑固に巣食っています。重電メーカーも、国家の政策が向かう方向性と自社の方向性を切り離すことはできない。国の考え方が定まっているという確信がなければ、大きな投資はできない。決まったと思った政策が短期間で転換されたら、大損害を出し、取り返しがつかなくなるからです。そうこうしているうちに、世界中の投資は自然エネルギーならびに蓄電技術の開発に流れ、それにより技術革新もどんどん起こっています。この一〇年間、日本は停滞しているわけです。

脱炭素の趨勢《すうせい》とも併せて、再生可能エネルギー関連の技術が将来の国際的地位や経済力と関係してくることを考えると、暗澹《あんたん》たる気持ちにならざるを得ません。成長戦略は、はっきり言って大失敗したと言えるでしょう。

アベノリベラリズムの誕生?

そういうわけで、アベノミクスがうまくいかなかったことで、安倍政権も後半にさしかかると、実質的に力点の置き方を転換しました。誰も「三本の矢」のことは言わなくなってきたわけです。「そんな話、あったっけ？」という雰囲気の中で、それとははっきり言わないまま路線の転換が行なわれたと見なしうる動きがありました。

働き方改革や女性の活躍、同一労働同一賃金、最低賃金の引き上げ、地方創生、幼稚園保育園の無償化といった、それまでの方向性とは明らかに毛色の違う政策スローガンを次々に掲げ始めたのです。これらはどちらかというとリベラル派の政党が好むような政策で、これらの政策によって日本は良くなるのだ、と言い始めました。この何やらリベラルっぽく見えなくもない政策群を「アベノリベラリズム」と呼んでみましょう。

つまり、成長も大事だけれど分配が大事だ、もっと言えば「分配なくして成長なしだ」、という考えです。そこには安倍氏の妥協があったのかもしれません。そもそも彼は分配が嫌いなのです。左翼っぽいから、というのが恐らくその理由でしょう。アベノミクスをやってみた。だけど思う通りにならない。分配を実行しなければ「成長、成長」と言って旗を振ってもうまくいかず、国民の不満も高まってくることに、さすがに気づいたようです。

また、こうした転換ができるところが、権力への執念のすごさを感じますね。それまでやってきたことと全然整合しないのに、権力を維持するためだったら平気で路線転換するわけです。

分配政策に向かわざるを得なくなったのは、最初に紹介したリフレ派の倒錯や矛盾が露呈したということもあるのでしょう。先に述べたように、リフレ派の掲げたデフレからの脱却の考え方は、その解消方法として原因にさかのぼるのではなく、貨幣を操作すればいいという考えであって、それはおかしくないか、と。原因は、つまり将来不安です。その将来不安をインフレ期待へと入れ替えればうまくいくというのがリフレ派の主張でした。例えば老後への不安、失業への不安、就労への不安、子育てへの不安等々、きわめて本質的でリアルな不安がたくさんあるわけです。それらをインフレ期待で全部解消できるというのはおかしい。

だから結局、その原因のところへ戻らざるを得なかったということです。本当の意味で将来不安をどうやって消していくのか、という話にならざるを得ないと、ようやく気づいた。

では、これらアベノリベラリズム政策は功を奏したでしょうか。スローガンはいろいろ挙がったものの、「本気か？」「形は整えたけれど魂はどうなの？」と思えるものもあるわ

安倍政権後期の政策転換～アベノリベラリズムの誕生？～

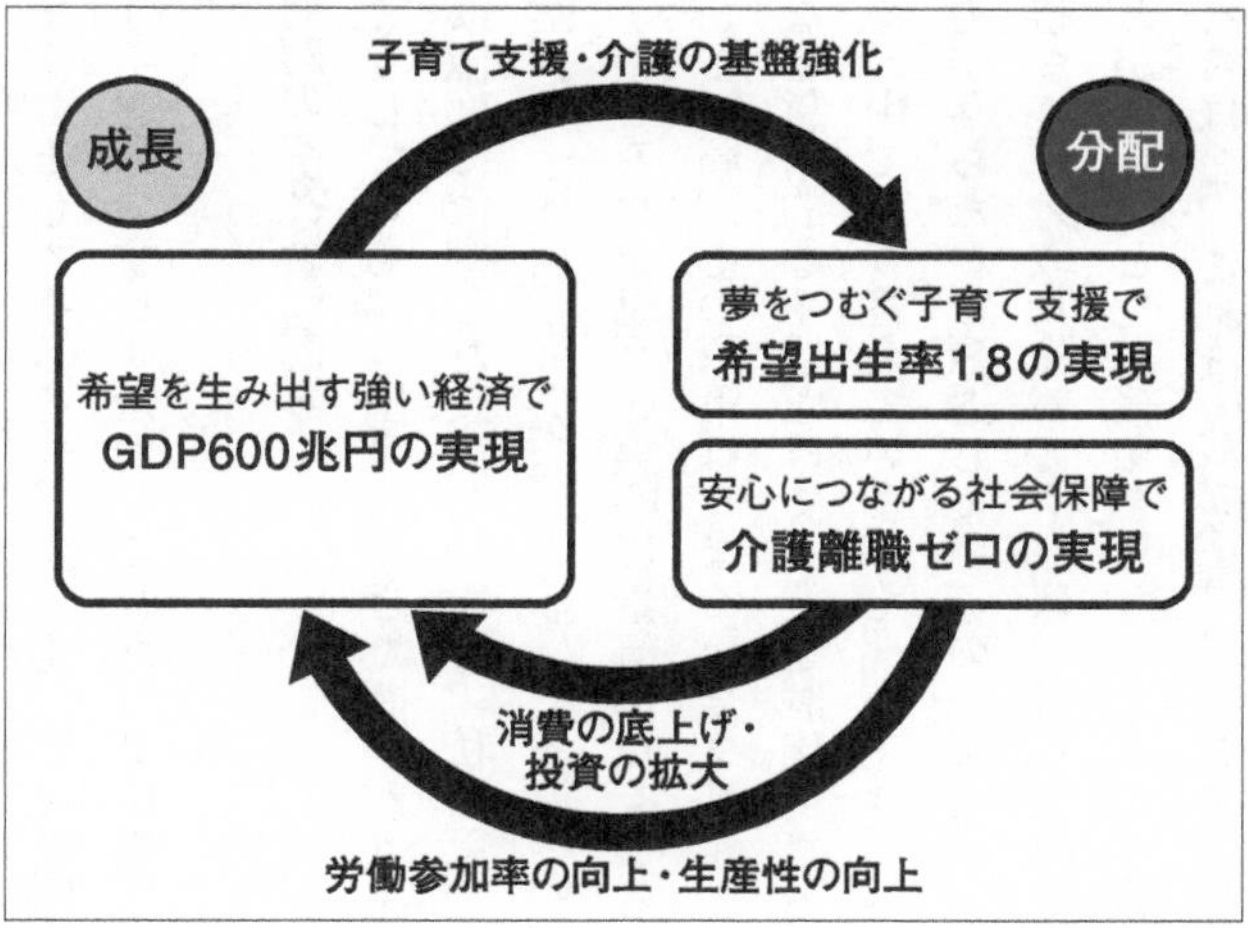

けです。これらの政策のほとんどが、リベラル勢力が掲げてきた政策の、いわば上っ面だけを取ってできているからです。

例えば「女性の活躍」を掲げるなら、当然「選択的夫婦別姓を実現したらいい」という話になりますが、どういうわけか手を付けません。同一労働同一賃金にしても、これは日本の就労構造を根深く浸食している一種の身分制（正規と非正規の身分差ならびに専門性の軽視に基づく）を解体しなければ、本当の意味での実現はできません。

幼稚園保育園の無償化などは良い政策だとは思いますが、少子化対策として見た場合、その効果が出るには時間がかかります。そしてそもそも、少子化対策は就職氷河期世代を見捨てた時点ではっきり言ってもう手遅れですし、たったこれだけで出生率など上がるわけがありません。

問題の本丸は封建制？

こうして、あぶり出されてきた問題がさまざまにあります。安倍氏の経済政策は、心理学に極度に依存した政策だったと、私は思っています。先にも述べたように、インフレ期待があって株価が上がってきた。安倍氏の政策は、「おお、何だか景気がいいんじゃない？」とみなが思うと実際に景気が良くなるという、人間の心理に依存した政策なのです。そして結局、その政策はうまくいきませんでした。

なぜ貨幣的な手段だけで不況を脱出できるのかという私の疑問に対して、浜田宏一氏は著書の中でこう答えていました。今起きているのは需給ギャップなのだ。日本経済の基礎体力が落ちたから衰退しているのではなく、ちょっとした目詰まりが原因なのだ。だから目詰まりさえ取り除いてやれば、日本経済は力強く成長するのだ、と。その目詰まりとは、日銀がきちんと金融緩和をしないことだという話になっていくわけです。

なるほど、これは安倍政権にふさわしいと思いました。テレビ番組で「ニッポン、凄《すご》い」プログラムが流行《はや》るのとまったく同じだからです。日本に根本的な問題はなく、すごくいい国で、うまくいっているのだと主張する番組です。本当にうまくいっているなら、なぜそんな番組を見て自分を慰めなければいけないのでしょうか。だから「ニッポン、凄い」番組とアベノミクスはそっくりです。「俺たちに、本当は問題なんかないんだわ。ちょっとした手違いが起きてるだけなんだから」と思いたい。その手違いの犯人に名指されたのが中央銀行でしたが、果たして実際に中央銀行に不況を脱出させる力があるのかというと、これも先にきわめて難解な問題だということで紹介した通りです。

アベノミクスがうまくいかなかったのは、安倍政権だけのせいではありません。経団連や連合の話を思い出してください。結局、彼らにもビジョンなど何もないわけです。それで安倍政権から「こうしろ」と言われ、仕方なく乗っかってみたけれど、やはりうまくいかなかった。

こういった経緯を経て、現在盛んに主張されているのは、日本経済が衰退したのは労働生産性が低いからだという話です。これは、日本経済には本質的に問題はないとする見方と正反対の立場をとります。なぜ生産性が上がらないのかといえば、それは日本人に主体性がないからだ、自由な発想がないからだ、日本には封建制がいまだにはびこっているからだ、云々《うんぬん》。どこかで聞いたような話です。

これは、講座派（明治維新を不徹底なブルジョア革命とみなし、日本資本主義の本質は軍事的半封建的性格にあると主張した人々。ブルジョア民主主義革命、社会主義革命という順序での二段階革命論を展開した。これに対し明治維新をブルジョア革命とみなし、一段階革命論を主張したのが労農派。講座派は日本特殊論と親和性が高くなる）マルクス主義やそこから影響を受けた政治学者の丸山眞男《まるやままさお》（一九一四─九六）の議論と論理構成が基本的に同じなのです。今やこのような講座派的な議論がビジネス誌を賑《にぎ》わせるという奇景、珍風景が展開されています。

そして安倍政権が終わってから二年半ほど経った今、日本経済にはスタグフレーションの足音がヒタヒタと迫っています。それは、世界的な資源高、物価上昇の影響を受けたものですが、もう一つの要因は円安です。購買力で見た場合、円安と長期のデフレによって、日本円の購買力は一九七〇年代のそれに低落したという報道が話題になっています。そこへもってきてウクライナ紛争ですから、ますます物価は上がりそうです。

そうした中で、アベノミクスが実現したことの要点は何であったのかが表面化してきているのでしょう。要するにそれは、為替操作、円安誘導だったわけです。そして財界はそれを歓迎した。円安＝日本経済の繁栄という思考停止した図式が刷り込まれているからです。確かに、完成品を輸出している大企業は円安の恩恵を被るでしょう。他方、そうした大企業の下請け企業は、原料を輸入せねばならず、円安に苦しみます。

円安によって、中小企業の犠牲のもとに大企業を優遇し、さらに日本の労働者の賃金を実質的に下げ、「成長のエンジン」と称していたのがアベノミクスだった。賃金の引き下げは、最も安易な利潤の創出方法です。安倍氏に対して最大限に同情的に見るならば、「円安誘導で余裕を与えてあげるから、その間にイノベーションを考えろ」ということだったのかもしれませんが、日本の財界にそれを実行する能力はなかった。

つまりは、華々しいスローガンを掲げて、いかにも新しいことを導入するような素振りをしながら、実態は、総じて既得権益層（大企業と、事なかれ主義で出世した無能な経営者）を優遇していたにすぎなかった。明治に形づくられた天皇制が、国内の貧困・格差問題によって揺るがされ変革を求められたけれども、地主と財閥の権益を削れずにそのままファシズム体制に変質していった戦前戦中の昭和期に似ています。挙句の果てに、統計偽装、統計改竄《かいざん》で成長を捏造《ねつぞう》ですから、いよいよ大本営発表の時代に突入したようです。

このように見てみると、確かに、日本の抱えている本当の問題は封建制にある、という見方には説得力がある。このことに気づかざるを得ない状況は、一九四五年の敗戦後に日本人が直面した状況と同じです。こうして戦後は振り出しに戻ろうとしています。経済から見ても、安倍政権はそのような状況をあぶり出したのではないでしょうか。

第三章　二〇二二年体制の外交・安全保障Ⅰ

——戦後史から位置づける

対米従属派vs.自立派という分類は妥当か

本章では、安倍政権から菅政権、そして現在に至るまでの外交・安全保障政策について検証してゆきます。

安倍晋三氏の一枚看板は、やはり「戦後レジームからの脱却」というスローガンです。このスローガンは、短命に終わった第一次政権のときに盛んに言われました。しかし大多数の国民にとっては、「戦後レジーム」と言われても、「何それ？」と思ったり興味がなかったりして、受けが悪く警戒もされました。そのため、第二次政権では封印したところがあります。

ただし安倍氏の政治家キャリア全般から見れば、このスローガンの彼にとっての重要性は明らかです。そうだとすると、安倍政権の外交・安全保障政策はこの「戦後レジームからの脱却」という、彼の宿願を果たしたものと言えるかどうか、が検討されなければなりません。

安倍氏は一体、戦後レジームをどう捉《とら》えているのでしょうか。これが謎です。何せポツダム宣言をつまびらかに読んでいないとおっしゃるので、戦後レジームとは何かに関して、彼の頭の中で整理された答えがあるとは到底思えません。ですからここでは客観的に、戦後レジームとは何だったのかについて見ていく必要があります。

例えば、先にも名前を挙げた元外交官の孫崎享氏に、『戦後史の正体』（創元社、二〇一二年）というベストセラーになった著書があります。この本には賛否両論がいろいろありますが、読み物としては面白い。単純明快な図式で描かれていて読みやすいからです。

単純明快な図式とは何かというと、戦後の歴代総理を「対米従属派」と「自立派」に分類しているところです。例えば、結局はＧＨＱの言うなりだった吉田茂は従属派で、日ソ国交回復を断行した鳩山一郎は自立派、安保改定を強行した岸信介《きしのぶすけ》は従属派だと見られているけれども意外に自立派だ、というように。中曽根康弘《やすひろ》は従属派で、小泉純一郎《じゅんいちろう》も従属派で対米追従の極み、福田康夫《ふくだやすお》は意外に自立派で、独自外交を推進してロッキード疑獄をアメリカから暴露された田中角栄はもちろん自立派……。

ここで一つの傾向が見えてきます。完全な対米屈服、喜んで従属したような総理大臣は、アメリカの覚えが目出度《めでた》いため政権が安定し、長期政権化するということです。それに対し、腹に一物を持ち、自民党といえども自立したいという志を持った首相は、アメリカから嫌われる。だから、アメリカからさまざまな嫌がらせや陰謀などの工作を仕掛けられて短命に終わる、という具合に分類されます。

構図としてはわかりやすいのですが、果たして本当だろうか、と思いました。従属派と自立派という二分割は、あまりに単純にすぎやしまいか。というのは、敗戦以来、対米従属がいわば国の基本的な形になっていることは所与の事実だからです。もちろんその中で、政治家によって、どちらかといえば自立を志向する意思がある、あるいはそれが見えない、といった傾向の強弱はあります。とはいえそれはグラデーションをなしているので、この人は従属グループ、あの人は自立グループと、クリアカットに分けられるものではないように思います。一人の政治家の中で、時期によって立場が変遷することもしばしば見受けられます。

二〇二二年に亡くなった作家・政治家の石原慎太郎《いしはらしんたろう》などその典型です。初老の時分は、ベストセラーとなった『「NO」と言える日本　新日米関係の方策』（ソニー創業者の一人である盛田昭夫《もりたあきお》との共著、一九八九年、光文社）などでアメリカに物申すぞ、と威勢よく言っていました。けれども、晩年にはワシントンDCを訪問し、アメリカの保守系シンクタンク主催の講演で「尖閣《せんかく》諸島を東京都が買い上げる」とぶち上げて悦に入っていました。変わり果てたものです。そう考えると、そんなにきれいに立場を分けるのは、単純すぎるのではないか。

ずです。

「親米保守」の性格変化の考察を

思想家の内田樹《うちだたつる》氏がしばしば言うように、戦後日本の保守政治、親米保守政治のやろうとしていたことは、理念的には「対米従属を通じた対米自立」であったはずです。現実には全然そう見えなかったとしても、少なくとも理念的にはそうでなければならなかったはずです。

つまり、東西対立という大きな構造が存在するなか、対米従属はほぼ運命づけられていた。その大本に日米安保体制があって、軍事的に従属させられています。ですが、その、させられているという所与の条件を活用することで、日本は国力を蓄えた。何のために蓄えるのかといえば、ナショナリストを任じるのであれば、それはもちろん独立国たらんとするため以外ではあり得ない。つまりそれは、最終的には対米自立を意味するはずです。ではどうやって対米自立をするのかというと、それは対米従属を通じてだ、ということになります。これはきわめてトリッキーな戦術であるほかないわけで、逆説に満ちています。

逆説に満ち、矛盾があるので、その反映として「日本の対米従属とは本当のところ何なのか？」「日本は対米従属をさせられているのか？　それとも自発的にしているのか？」

という問題が出てきます。最初は敗戦占領で対米従属が始まるのですから、間違いなく「させられている」ところから始まります。しかし東西対立の下、アジアでナンバーワンのアメリカの子分だという地位を、戦災復興と国の再建、さらには経済大国への発展まで、日本はうまく利用しました。すると、おかしな言い方ですが、この従属に主体性が出てきます。従属させられているのではなく、自ら進んで、自己利益のために従属しているのだ、という話になってくる。

後述する吉田茂の吉田ドクトリンというものの論理がその典型です。「対米従属を通じた対米自立」というトリッキーな戦術、あるいは矛盾が、この自主的な従属（＝自発的な自主性の喪失）という概念にまさに反映しているわけです。

このような状況の下では、従属と自立はそこに明快な線が引けるようなものでなく、グラデーションでつながらざるを得ない。そもそも簡単に切り分けられない矛盾に満ちた立場が、さらに歴史的に性格を変遷させてきた過程があります。それについて考察することが、戦後レジームを考察することにほかならないでしょう。

その性格の変遷、変態をどのように捉えるべきか。いろいろな見方があると思いますが、私の『国体論』の図式に従い、戦前も戦後も三つのピリオドに分けられるという見方を採りたいと思います。すでに述べましたように、国体の構造は、戦前は天皇が中心、戦後はアメリカが中心です。そのシステムは三つの段階を踏んできた――形成され、絶頂を向かえ、そして衰退、崩壊へ向かう――という捉え方です。この見方から戦後の親米保守政権の展開がどう見えるか。

保守本流と保守傍流

第一段階は国体システムの形成期で、人的には対米従属レジームの第一世代に当たります。この第一段階は敗戦からおおよそ一九七〇年代初頭までの長い期間ですから、第一世代を誰に代表させるべきかは難しい問題です。誰が戦後日本の基本線を引いたかという観点から順当に考えれば、代表者になり得るのは吉田茂、岸信介でしょう。あるいはこの時代が潜在的に持っていた可能性の体現者として、異端的な石橋湛山《いしばしたんざん》を挙げる考え方もあり得ます。ただ、ここでは後世への影響の強さを中心に考えてみたいと思います。

日本の親米保守を分類する際、よく保守本流と保守傍流という言い方をします。保守本流は、いわゆる吉田茂と吉田スクール（吉田学校）の人たちです。この流れに属する首相経験者としては、岸の後に総理大臣になる池田《いけだ》勇人《はやと》や、岸の実弟である佐藤栄作がいます。

岸、佐藤兄弟は、弟は保守本流のほうに行き、兄は保守傍流のいわば親玉になっていくという興味深い分裂を呈します。田中角栄はそのキャリアが官僚出身者中心の吉田スクールとはまったく異なるものの、対外政策がハト派的で、改憲にあまり興味がないという観点からして、どちらかというと保守本流です。それから宮澤喜一《みやざわきいち》や、今の自民党の中で言うと岸田文雄首相の所属する宏池会《こうちかい》系が、保守本流です。

保守本流は経済を重視します。イデオロギー的な主張はあまりせず、吉田茂の吉田ドクトリンに忠実です。吉田ドクトリンとは、平和憲法を持つのだからできるだけ軍事から遠ざかりたい、という立場です。アメリカは武装しろ、冷戦を手伝えと言ってくるから、そのお付き合いはするけれど、積極的には関わらない。国防費・軍事にお金を使わなくていいので、その分を全部経済発展に注力できる。この戦術が当たって戦後日本は発展したのだ、と長らく言われてきました。

これに対して、保守傍流は岸信介によって代表されます。岸は、金儲《もう》けさえうまくできればいいという、吉田茂的な保守本流は堕落した考え方だ、一国の独立という理念を閑却している、と考えます。そして、軍事を否定している戦後の憲法は、真の独立を得るためには欠陥があるという考え方から、改憲の立場をとります。岸に代表される潮流は、国権主義的、右翼的だと言われ、自民党の中で主流になることは少なかった。岸の後、福田赳《たけ》夫《お》などが一応保守傍流のほうに数えられました。また中曽根康弘も派閥的には保守本流でなく、国権主義的な傾向もあったので、どちらかというと傍流に数えられます。ただし、中曽根政権の頃は田中派が実質的な支配力を持っていましたから、田中曽根内閣などと呼ばれたわけです。この保守傍流が、今の清和会《せいわかい》の流れに続いています。

実は、ある時期から自民党では傍流と本流が入れ替わっています。小泉純一郎も、その前の森喜朗《もりよしろう》も清和会出身の総理です。森氏がボロボロになる形で退陣し、小泉氏が総理大臣になりました。あの時に自民党が変わったというイメージがありますが、派閥単位で見れば「清和会から清和会へ」です。ただし、小泉氏は派閥の全面支援を受けて総理になったタイプではないため、あまりそこにこだわっても仕方がないかもしれません。しかし、その後首相になった安倍晋三、福田康夫も、清和会です。清和会は今は安倍氏が会長になっていますが、自民党内の最大派閥ですから、いつの間にか保守傍流とは言えなくなっているのです。

吉田茂と岸信介に、大した違いはない

戦後日本の自民党支配をこのように、コントラストをつけて保守本流と保守傍流に分ける見方が永らく常識として通用してきました。

しかし本流と傍流はそこまで違うものなのでしょうか。本質においては違わない、言い換えれば吉田茂と岸信介はさほど変わらない、というのが私の見方です。よく吉田は護憲派だった、岸は改憲派だった、と捉えられますが、それは違います。そのように見てしまうと、あたかも吉田茂は心の底から戦後憲法に価値を見出《みいだ》し、それを決して変えてはならないと考えていたかのようです。それは全然違うのですから。

確かに吉田は国会答弁（一九四六年六月二八日）の中で、九条原理主義を打ち出したことすらありました。それは、野党である共産党議員の野坂参三《のさかさんぞう》から憲法九条について次のような趣旨の質問をされた時です。

「侵略された国が自国を守るための戦争は正しい戦争と言って差しつかえないと思う。戦争一般の放棄という形ではなく、侵略戦争の放棄とする方が的確ではないか」と。吉田茂は、要約すると、次のように答えました。「国家正当防衛権による戦争は正当と認めることは有害だと思う。近年の戦争の多くは国家防衛権の名において行なわれたのは顕著な事

実だ。正当防衛権を認めるのが戦争を誘発する所以《ゆえん》であると思う」。まるで「九条の会」の会員の言葉のような答弁です。

これだけを聞くと、吉田茂は原理的な護憲派だったという印象を抱くと思いますが、そのような単純な話ではありません。この時には昭和天皇の戦争責任からの免責と完全な非武装の受け容れとの取り引きという文脈が、答弁の背景にありました。

時はめぐり、一九五〇年六月、米国務長官のジョン・フォスター・ダレス（一八八八―一九五九）が来日します。ダレスは朝鮮戦争の勃発《ぼっぱつ》をうけて、日本にアメリカの軍事行動の手伝いをさせようと望んでいた。そこでネックになったのが、憲法です。だからダレスは、憲法を変えさせ、本格的に日本に再武装をさせて下働きをさせようという考えがあって来日したわけです。

吉田はこの時も再軍備に対してまったく乗り気ではありませんでした。まず、依然として焼け野原のような状況で、金がない。それから国民は「また戦争か」と思うだろう、厭《えん》戦《せん》気分が強いだろう、と見た。さらにもう一つの理由は、吉田の軍人嫌いです。当時の情勢からして、もし本格的に再軍備するならば、当然旧帝国陸海軍のメンバーを中心に組織していくしかありません。「あれだけ無茶苦茶なことをして国を破滅させた連中が、装いを変えて、また偉そうな顔をするのか。冗談じゃない」という思いが吉田にはありました。そこで吉田は、ダレスに対してはのらりくらりとかわし、国会では独立後のアメリカへの基地提供も否定してみせます。

しかし、この時の吉田の、ゴリゴリの護憲派のような姿勢もまた額面どおりに受け取るべきではありません。講和条約と日米安保条約の交渉を睨んでアメリカに対して高めのボールを投げておくというコンテクストがあったわけで、本音というわけではないのです。最終的には再軍備も必要だが、しかし今ではない、というのが吉田の本心です。この時には憲法を盾にして、アメリカの要求をできる限り押し返すという構図になったのです。

つまり、吉田も究極的には改憲派ですが、テンポやスピード、タイミングの問題だ、と考えていた。その意味では、吉田茂と岸信介にどれだけの違いがあるでしょうか。大した違いはありません。両者が何を共有していたかというと、先に述べたように、対米従属を通じた対米自立という戦略です。それこそが、最初の対米従属レジームを形成した親米保守政治家たちの共通目標です。

岸信介の屈託

この世代は、ある種の屈託を抱え込まざるを得ません。すなわち、大日本帝国の時代にはあれだけ「鬼畜米英」と言っていたのに、戦後はアメリカに従わざるを得ず、アメリカに取り入ることさえして出世を果たしているという状況がもたらす屈託です。この屈託ある生き方の顕著だった人が、東條英機《とうじょうひでき》内閣の閣僚であり、戦後にA級戦犯として獄につながれたこともあった岸信介です。岸的な親米保守と吉田的な親米保守に本質的な大差はないと述べましたが、だからこそ岸は保守傍流で佐藤栄作は保守本流でした。兄弟で分かれたように見えても所詮《しょせん》は兄弟、結局、同じではないか、ということです。

彼が抱えた屈託とは、かつての敵アメリカに取り入らざるを得ないことから生じますが、従属の裏面にはこのような本音があります。「名にかへて　このみいくさの正しさを　来世までも語り残さむ」。これは岸が敗戦直後に詠んだ歌ですが、全然反省していない。全然悪いことをしたとは思っていない。本当は世界の真ん中で、「あの戦は正しかった」と叫びたいわけです。しかし、それは絶対に言えない構図の中にいるので、屈託を抱えることになります。

岸は、あの戦争について単に殴り合いで負けたにすぎず、自分たちが道義的に間違っていたなどとは思っていないのですが、現実には、アメリカの反共戦略へ積極的に、自ら主体的に取り込まれました。なぜなら、東西対立が先鋭化し、アメリカの反共戦略が強まっていく流れ、すなわち逆コースの中でこそ岸は首尾よく再浮上することができたのです。仮に東西対立構造が成立しなかったならば、ＧＨＱによる民主化・脱軍国主義化はより徹底されて、岸のようにあの戦争に対して大きな責任のある人々が復権を許されることはなかったでしょう。

つまりは、岸のような人にとっては復権するためには、アメリカの冷戦戦略に積極的に加担するほかなかったのです。したがって、この人たちが活躍すればするほど、対米従属の構造は深化し、固定化されてゆくことになりました。

岸政権期で最も重大な出来事は六〇年安保（日米安全保障条約を相互防衛条約に近くなるように改定を図り、それを岸政権が強行採決した。これに対し、国民の反対運動が更に大規模化した）です。安保条約の改定において、岸はこれによって日米関係は対等になると言いましたが、その内実は後々検証された事実からわかるように、到底対等とは言いがたいものでした。日米対等を演出したにすぎなかったのです。

六〇年安保の結果として、対米従属の構造は完全に打ち固められ、かつ同時に、あれだけの強力な反対運動（安保闘争。アイゼンハワー大統領の訪日を阻止し、三三万人が国会包囲デモに参加して岸内閣を退陣させた）が展開されたことから、岸が本来志向していた憲法改正は棚上げとなりました。つまり、吉田ドクトリンは六〇年安保の結果として、実質的に国是の地位を固めるのです。そこから高度経済成長が始まり、岸が目指した改憲による国家の自立性の回復の代わりに、経済力に特化した発展、言い換えれば、本来は自立のための潜在力となるはずの力の発展がもたらされることになりました。こうして世界有数の経済力を持ちながら、属国的な状況から脱しようとする意欲は薄いという状況が、対米従属第一世代の政治家たちが結果としてつくり出した状況であったのでした。

中曽根康弘の挫折

次に「戦後の国体」の安定期、親米保守第二世代の話をします。戦後の国体の形成期を代表する存在が吉田と岸だったとすれば、その状態が最盛期に達したのは一九八〇年代、ジャパン・アズ・ナンバーワンの時代であり、その代表は、中曽根康弘だったと思います。

中曽根と言えば、ロン＝ヤス関係です。当時のアメリカ大統領ロナルド・レーガンが来日した際に、中曽根は、東京の八王子《はちおうじ》のすぐ北に日の出《ひので》山荘という古民家のような別荘を持っていて、そこにレーガン大統領夫妻をお招きし、お茶を点《た》てたりしてもてなしました。

レーガンは「おお、これが侘《わ》び寂びか」と感動したと言われますが、本当かどうかはよくわかりません。日米首脳の関係は特別だと盛んに喧伝《けんでん》され、演出されました。このエピソードをわざわざ紹介したのは、日米首脳の個人的に親密な関係というものが過度にアピールされるようになった、その始まりであるように思われるからです。

米大統領夫妻を喜ばせて、中曽根もご満悦というわけですが、そこに忸怩《じくじ》たる思いはないのですか、と私は中曽根に問いかけたくなります。もちろん、外交儀礼として、また国益のために、友好国の首脳との良好な関係をアピールしたり演出したりすることに、それなりの必要性はあるでしょう。しかし、そこに何か過剰なものが透けて見えるとき、何か不健全で卑屈なものが存在することを感じずにはいられません。中曽根がレーガンを歓待したところまでは理解できる。しかし、なぜ私邸に招くのか。公人である米大統領に対して、公人である日本の首相がわざわざプライベートな領域をさらした。そこに過剰なものがあります。

そして、とりわけ中曽根のような人物が、米大統領に取り入るようにして喜ばせようとした姿には、気持ちの悪いものを感じざるを得ないのです。なぜなら、若い頃に、彼はこんなことを言っていたからです。

「この憲法のある限り　無条件降伏続くなり　マック憲法守れとは　マ元帥の下僕なり」。

これは「憲法改正の歌」（一九五六年）という歌の歌詞で、YouTubeなどで検索すると、聴くことができます。しょうもない歌ですが、作詞者の名前に誰がクレジットされているかを見ると驚愕《きょうがく》します。そこには「中曽根康弘」と書いてあり、一番から五番まである堂々たる歌なのです。引用したのは、そこに出てくる歌詞の一部です。ここには、戦後憲法を、アメリカ、つまり勝者が敗者に押しつける形で制定し、それが今もなお押しつけられているのだ、悔しい、という思いがストレートに吐露されています。

こう言っていた人が、ロン＝ヤスを演出したわけです。中曽根の実行した演出には、わが国の総理大臣はアメリカ大統領とこれほど仲が良いんですよ、と日本国民にアピールする大きな意味合いがあります。そこに透けて見えた卑屈さ、屈折、転向の影をどのように意識していたのかは、ついに最期の日まで語らずに中曽根は亡くなりました。

アメリカからの自立の夢を語る代わりに、現実の中曽根は、日本をアメリカにとっての「不沈空母にする」と発言したこともありました。アメリカが経済的に衰退していく過程で、アメリカが為替操作をさせろと言ってきたのがプラザ合意（第一章、六八ページ参照）ですが、それを呑《の》んだのも中曽根です。

急激な円高をもたらしたプラザ合意が結局、後のバブル経済とバブル崩壊、日本の長期的停滞に結び付いたという有力な議論もあります。プラザ合意は、経済的な敗戦を意味したと言ってもいいわけです。

中曽根にとって最も重要な理念であったはずの対米自立は、はっきり「挫折《ざせつ》した」と言っていいでしょう。さらには、対米従属が日本にとって得になるという構造そのものを、中曽根は結果的に全部壊しました。

最も重大なものは、東西対立の終焉《しゅうえん》です。もともと反共主義的な傾向が強かったレーガンは、平和共存路線を転換して、冷戦激化戦略をとりました。ソ連のアフガニスタン侵攻をきっかけとして、ソ連は「悪の帝国」だからモスクワ・オリンピック（一九八〇年）など出ない、とレーガンは言ってソ連敵視を強めました。また、スターウォーズ計画により軍拡競争をもう一度始めました。ソ連の側は、これによってさらに追い詰められ、新しい指導者、ミハイル・ゴルバチョフの下で改革（ペレストロイカ）の試みが進められますが、体制に蓄積した矛盾はあまりに重く、レーガン政権の任期満了退陣の直後、ついにソ連は崩壊しました。

アメリカはソ連に対するプレッシャーを強めたわけですが、しかしアメリカ経済も双子の赤字（経常収支と財政赤字）に苦しんでいて、実はガタガタでした。スターウォーズ計画に使うお金など、一体どこにあったのでしょうか。それは大量の米国債購入によって日本が貸してあげたのです。

つまり、東西対立があってこそ、日本はおいしい立ち位置にいられたのに、自ら進んでそれを手放したことになります。強力な共通敵としてのソ連が存在すればこそ、アメリカは日本をアジアにおける第一のパートナーとして庇護《ひご》する具体的な動機がありました。ソ連の崩壊・消滅とは、その日本にとって都合のよいポジショニングが失われることを意味します。ですから、国際政治的な次元で見れば、自分たちに利する構造を、わざわざ自分で金を払って壊したのです。

中曽根は対米交渉カードを自ら放棄した

国内政治ではどうでしょうか。長期的に見て、中曽根は五五年体制を崩壊させた張本人だと言っていいでしょう。確かに五五年体制を最終的に崩したのは、選挙制度改革の結果である小選挙区制です。ただ、それを機に日本社会党が急激に没落したことに目を凝らしてみましょう。

五五年体制崩壊後に目指すべき体制は、保革二大政党制ではなく保守二大政党制であるとされました。とはいえ、保守二大政党制などまともに成立しないため、迷走的な状況が続いて現在に至ります。問題は、二大政党制にするにしても、なぜ保革二大政党制にならなかったのかというと、社会党があまりにも弱体化したからです。今や見る影もありませんが、社会党弱体化の原因は、中曽根政権の国鉄潰《つぶ》しにあります。国鉄潰しは国労（国鉄労働組合）潰しであり、それは社会党の最大の基盤を破壊することとイコールでした。国鉄の分割民営化は、民営化そのものより国労潰しが主要目的であったことを、中曽根本人が後にはっきりと証言しています。

重要なのは、このように革新勢力が潰れるということは、同時に、対米交渉カードが失われたことを意味することです。なぜなら、アメリカの世界戦略に反対する日本国内の勢力はいないも同然となるからです。

先に述べたように、吉田茂はダレスから受けたプレッシャーをはねのけるために、野党議員の質問にうまく乗って、再軍備と基地提供について後ろ向きの態度を示しました。野党と上手に連係プレーをしていたとも言えます。つまり、吉田が対米交渉のために持っていた切り札は、社会党の左派と共産党に代表される反米勢力の強力さだったのです。ダレスに対して、吉田は確かに表立っては反抗できません。しかし、「おたくの言うことには一理ある、受け入れたい気持ちはやまやまなのですが、けれども我が国にはうるさいことを言う連中がいまして」と言って交渉することはできます。「彼らはなかなか強力です。この人たちをあまり蔑《ないがし》ろにするわけにもいかないんです。それに、この人たちが大衆の同情を得て選挙に勝ち、われわれ親米保守派から政権を奪ったりしたら、あなた方も困ったことになりますよね」と。すなわち、反米勢力の強さを引き合いに出すことで、対米バーゲニングカードにしていたわけです。

実は、岸信介もまったく同じです。安保条約はまるで占領が継続されるような不平等な条約なので、岸はこれを何とか少しでも対等なものにしたい、と考えました。鳩山一郎政権時代に重光葵《しげみつまもる》外相がアメリカにその話を持っていった時、けんもほろろに断られたのを岸は自分の目で見ています。岸の回想によれば、アメリカ側は大略次のように述べたといいます。「いざというとき、アメリカは日本を守るようになっている。ではアメリカがいざというとき、日本は守ってくれるのですか。何もできないじゃないですか。義務がまったく非対称的なのだから、平等な条約など結べるわけがない」、と。

このように取りつく島もなく断られる様を見た岸は、どう交渉したらいいかと考え、最終的に吉田と同じカードを使います。日本国内における反米勢力の強さを引き合いに出すわけです。「私はあなた方を尊敬しておりますし、あなた方とうまくやっていきたいと思っております。しかし我が国には、なかなかそう思わない人たちもいます」、と。吉田と同じです。こうした点でも、保守本流と保守傍流は本質的に変わらない、と私は思います。

五五年体制には代理戦争的なところがあった、とよく言われます。自民党のライバルである、社会党を中心とする革新勢力は、トーンはだんだん下がったかもしれませんが、基本姿勢は反米でした。それを潰してしまったら、日本国内に、組織的な実体を持った反米政治勢力はないも同然になります。それは、アメリカに対する最も強力な交渉カードがなくなることを意味するのです。こうして、中曽根は挫折というより自滅と言うべきかもしれない形で、対米従属の構造を強化していくことになります。

そして、付け加えておかなければなりませんが、東西対立の終焉は、社会党の没落をもたらしただけでなく、実は、自民党の空洞化をももたらしました。なぜなら、「親米保守」という、ナショナリズムを標榜《ひょうぼう》するくせに接頭辞に「親米」と外国の存在が刻印されているというしまりのない立場は、本来あり得ないものです。ただしそれは、ソ連の強大さ、国際共産主義運動の脅威という状況を前提とすれば、一応正当化可能なものでした。

ナショナリストであるのに属国であることを是とするのは、もちろん不本意ではあるのだが、ソ連の脅威がある以上、致し方のない選択なのだ、と。ソ連の消滅は、この言い訳が使えなくなったことを意味します。

かつ、元々の自民党は、保守本流から傍流まで、ハト派からタカ派まで、社民主義的な者からリバタリアン的な者まで、きわめて雑多な志向を持つ集団でした。このよく言えば多様な、悪く言えばバラバラな集団を一つにまとめ上げていたのは、反共主義でした。そして、その反共主義が意味をなさなくなってしまった。つまり、実は、ソ連崩壊によって自民党は内的原理を失ってしまったのです。

安倍晋三の迷走

このようにして、「対米従属を通じた対米自立」を実現するために蓄えられたはずの潜在力が結局は活《い》かされないまま、対米従属の合理性を支えた最大の根拠が、東西対立の終焉によって消滅します。

そのときどうするべきかは一切想定されていなかった。なぜなら、「対米従属を通じた対米自立」は、いつの間にかその後半部が忘却されて、「対米従属を続けるための対米従属」という同語反復になってしまっていたからです。そうなると、その後は迷走するしかなくなります。これが戦後の国体の第三期＝崩壊期であり、その時代を担う第三世代を代表するのが、安倍晋三氏です。

彼の迷走を物語る事柄を少し挙げておきます。二〇一九年二月の国会で、アメリカのトランプ大統領（当時）をノーベル平和賞に推薦する云々《うんぬん》の話で、野党議員から突っ込まれたことがありました。「あんなにとんでもない言動で悪名高い人物をノーベル平和賞に推薦するのはおかしいじゃないか」などと言われ、安倍氏はこう答えました。「米国は日本にとって唯一の同盟国であり、その国の大統領には一定の敬意を払うべきだろうと思います。御党も政権を奪取しようと考えておられるのであれば」、と。この発言は、熟慮、熟考に値する、と私は改めて思います。

まず「米国は日本にとって唯一の同盟国である」の「唯一の」には、深い孤独が滲《にじ》んでいます。それは「安倍さんって孤独だね」という意味の「孤独」ではなく、日本人全体の孤独です。これは、かつて元西ドイツ首相のヘルムート・シュミットが、過去の侵略戦争の責任に対して日本人があやふやな態度をとり続けてきたことを批判し、「悲しむべきことに、日本は国外に真の友人があまりいない」と指摘したことが、ものの見事に的中していることを示しています。

さらに「その国の大統領には一定の敬意を払うべきだろうと思います」は、大変な問題発言です。なぜなら、トランプ大統領に本当は敬意を払っていない、と言っているに等しいからです。安倍氏は、ある種条件付きの敬意であると言っているわけです。その条件とは「唯一の同盟国」です。そこの大統領だから敬意を払う。しかも「一定の」と言っている。要するに「同盟国」の関係でなければ敬意を持たないという話で、非常に冷めた発言なのです。

同時に、野党の議員に対してこう言っているに等しい。「おたくは、いつまで野党をやっているつもりなの？　国政政党にいる限り、与党になりたいのでしょう？　そういう意識があるなら、現実の構造はこういうものなのだから、それを頭に入れておいたほうがいいんじゃないですか」と。突き放した言い方です。心にもない敬意を表明せざるを得ない状況に対する、忸怩たる思いが滲んでいるのかもしれません。

本心では嫌だ、不本意だと思っているならば、なぜそのようなことをしなければいけないのでしょうか。それは、我が国の孤独があるからです。「我が国にとって、国際舞台で仲間だと言えるような相手はアメリカさんしかいないんです。だからこんな、心にもない発言をしなければならないのです。そのくらいのことは、あなたも国政政治家なんだから理解してください」と。

一方でこの発言は、非常に情けない発言でもあります。「アメリカに媚《こ》びも売らずに、政権をとりたいと思っているの？」という意味でもあるからです。アメリカに媚びを売る必要がある、もっと端的に言うならば、「属国なんだから汚い靴を舐《な》めるのも当たり前だろ！」と、ここまで堂々と言ってのけた日本の総理大臣もいないでしょう。過去の総理にはもう少し、取り繕わねば、という気持ちがあったと思いますが、安倍氏はあられもなく言ってしまった。媚びを売るのは不本意でしかないが、それでもこのやり方でやっていくしかないじゃないか、といった投げやりで無気力な精神状態が表れています。

「価値観の共有」の空洞化

自己目的化した対米従属という欺瞞《ぎまん》、茶番、しかし戦後の全期間にわたって打ち固められてきた権力の構造に乗っかって権力者の地位を与えられた面々——まさにその究極的な象徴が安倍晋三氏なのでしょうが——に、自らこの構造を壊すことはできない。いつの日か自立が実現されることを想定していればこそ、対米従属も戦略として肯定できたわけですが、それができなくなった。そのとき、ここに残るのは、純粋な権力保持の欲望のみです。内的原理も正当性もない、ただひたすら既成の権力の構造を維持して、それによって自分の地位・権力・利権を保全したい。そのためには手段を選ばない。東西対立の終焉以降の状況で、自民党は純粋権力党の性格を色濃くしていきました。

しかし、安倍氏の先の発言から察するに、恐らくこのシニカルな状況はその受益当事者にとってもストレスを与えているのでしょう。こうした矛盾が昂進《こうしん》するのと同時に、日米は価値観を共有しているのだ、と盛んに強調される機会が多くなっていきました。共産圏が有力で、共産圏に共鳴する日本国内の勢力もたくさんあった頃こそ、日米は自由主義の価値観を共有しているのだ、と強く言われてしかるべきだったと思います。ところが逆に、ソ連が崩壊し、中国が台頭したという文脈もありますが、逆に今のほうが、日本とアメリカは自由民主主義、人権、法の支配といった価値観を共有しているのだ、と強調される機会が多くなっています。

そのような宣伝の一方で、内実はどうなのでしょうか。自由も民主主義も人権の尊重も、法の支配も空洞化していったのが、この一〇年間でした。スローガンとして掲げられる頻度が多くなればなるほど空文化する、という逆説がある。

対米従属が自己目的化し、自分たちの陥っている状況がシニカルになればなるほど、「価値観までアメリカ化するのは嫌だな」という心性、そもそもアメリカ的な価値観であるところのデモクラシーや人権に対し、内心での嫌悪感が高まっていくのではないでしょうか。こうした心理は、二〇一二年体制における右傾化を促進した一つの要因なのではないかと思います。

以上、第二次安倍政権以降の時期を、戦後史全般のなかに位置づけることを試みました。次章では、この一〇年間の外交・安全保障政策を、本章で提示した視点から分析していきます。

第四章　二〇一二年体制の外交・安全保障Ⅱ

――「冷戦秩序」幻想は崩壊した

第三次アーミテージ・レポートは脅しで始まる

前章では、安倍政権以降の時代の外交・安全保障政策を戦後の対米従属体制の歴史的変遷のなかに位置づけました。戦後初期にアメリカに占領されていた日本は、その延長線上で、アメリカの力をいわば利用して、戦後復興・発展を図るのが基本路線でした。一九七〇年代からバブル崩壊ぐらいまでの戦後第二期において、その復興は成功し過ぎと言えるほどに成功しました。その時期には、ある意味でアメリカによる支配が日本からは見えなくなったのです。そしてソ連崩壊以降は、アメリカとつながる意味や、アメリカの支配を受け入れる目的がよくわからなくなっていきました。わからないがゆえに、それを自己目的化して追求する状況が現在まで続いています。安倍政権と、それを受け継いだ菅政権・岸田政権のいわゆる二〇一二年体制は、その最終形態的な局面だと思います。

日本の政権が断固として、どのような反対をも押し切って行なう政策は何かと思い調べていくと、何のことはない、アメリカがそうしろと言っている政策である場合が多いことに気づきます。以前からそうだったと言えばそうですが、露骨になってきたのが安倍政権期です。

例えば、二〇一二年八月に公表された第三次アーミテージ・レポートは、その典型です。

このレポートの書き出しはこうです。「日本は一流国家であり続けたいのか、それとも二流国家に成り下がって構わないのか？」つまり脅しで始まる。このいわば恫喝《どうかつ》戦略の目的は、「はい。一流でありたいです」と日本側に言わせることです。

外交・安全保障に関しては、レポートにはこんな件《くだり》があります。

皮肉なことに、日本の利害の保護を必要とする最も深刻な条件の下で、われわれの軍隊は日本の集団的防衛を法的に禁じられている。

日本の集団的自衛の禁止を変更することによって、その皮肉に正面から向き合うことになるだろう。政策が転換されるからといって、統一指揮や軍事的により攻撃的な日本、日本の平和憲法の改正を追求すべきではない。集団的自衛の禁止は同盟の障害である。3・11は、われわれの二つの軍が必要な時にいかに軍事力を最大限に活用できるかを証明した。平和時、緊張、危機、および戦時のすべてを通じて安全保障の領域で完全な協力の下に対応することをわれわれの軍に許可することは責任ある権限付与であろう（筆者訳）。

やや意味が取りにくいのですが、ここで強調されているのは「皮肉」（原語は irony）です。皮肉な事態があるのだ、と言っている。つまり、日本の安全のために、集団的自衛権の行使が禁じられているのは同盟の障害である。しかし、政策を転換して集団的自衛権行使を認めると、平和国家でなくなってしまうという危惧《きぐ》がある。同盟は強化したいが、日本に軍国主義的な傾向が現れることは避けなければならない。この二律背反をどうやって解消すべきなのか、レポートは語りません。その代わりに、3・11の際に「トモダチ作戦」がいかに大きな役割を果たしたかが強調され、平時においても戦時においても米軍と自衛隊が全面的な協力体制を敷くべきことが提言されています。

アーミテージ・レポートにはさまざまなことが書いてありますが、集団的自衛権の行使を容認しろと強く迫っている右の箇所は、中でも有名なものであり、実際に安倍政権はそれを実行に移していくわけです。

「ワシントン拡声器」

安倍政権が集団的自衛権の行使容認に踏み込み、国論を二分する激しい論争が起きましたが、最終的な落としどころは集団的自衛権の「限定的容認」というものでした。そこでは、国家存立危機事態になったときにのみ集団的自衛権を行使するという論理が展開されたわけです。

「国家存立危機事態」という名前がすごいですが、これは、その事態を放っておくと国家の存続が危うくなる事態、という意味でしょう。「それは例えばどんな事態ですか。例を挙げてください」と国会で野党側が追及したとき、安倍氏は「ペルシャ湾危機だ」と答えました。「ホルムズ海峡が閉鎖されたら石油が入ってこなくなる。それが国家存立危機事態になる」、と。

この答弁には多次元の問題が含まれています。確かに石油が重要資源であることは言うまでもありません。けれども、ホルムズ海峡が閉鎖されたからといって、即座に日本が国家存亡の危機に陥ると言えば、それは言いすぎでしょう。

また、この答弁は誰がホルムズ海峡を閉鎖するのか、ということで外交問題も引き起こしました。ホルムズ海峡を閉鎖する主体は、現状では事実上イラン以外には想定され得ない。ですから、安倍首相は国会で、「イランが暴れたら、米軍と一緒に行ってイランをやっつけないといけない」と答弁したに等しいわけです。日本とイランは、基本的に友好関係を結んでおり、決して敵対していません。したがって、イランからすれば寝耳に水の話です。突然、友好国である日本の首相が「イランが暴れ始めたら、イランとの戦争も辞さない」などと言い出したに等しいわけで、駐日イラン大使が抗議するような一幕もありました。

そうした外交問題を引き起こす可能性さえ想定できていなかった、ということで、きわめて不用意な答弁だったと言えるでしょう。現に、その後批判を受けて、安倍氏はこの答弁を事実上取り下げることになります。

国家存立危機事態の例としてペルシャ湾危機が想定されることは、実はアーミテージ・レポートがすでに言及していました。野党の質問を受けた安倍氏は、恐らくアーミテージ・レポートに書いてある内容に頼ったと推察されます。

こう見てくると、日本はアメリカが要求してくる事柄にひたすら合わせているだけではないか、とも思えてきます。ただし恐らくは、その見方は単純にすぎます。果たして、このレポートの本質は何なのか。アメリカのジャパン・ハンドラーと呼ばれる人たち――アーミテージ氏などが代表的――の本音だ、というのが最も素直な解釈です。

しかし繰り返しますが、それほど単純ではない。新外交イニシアティブを主催する猿田《さるた》佐世《さよ》氏が、「ワシントン拡声器」という言葉で説明をしています。日本の支配層が自らの影響力を維持、強化するために提言を発信するとき、自分たちで言うよりアメリカに言わせたほうがより有効に力を発揮できるメカニズムがある、それが「ワシントン拡声器」だ、と。

アメリカの保守系のシンクタンクは、こうした類《たぐい》の「日本はもっと強くあるべきだ」という内容の提言やレポートをよく出します。アーミテージ・レポートは、そうした類のレポートのなかで一番有名なものだと捉《とら》えるといいのかもしれません。猿田氏いわく、それらの提言を出す財団やシンクタンクの経営主体を調べてみると、最大の出資者は日本政府、あるいは日本企業だったりする、というのです。

だから、日本のしていることをごく単純に言えば、アメリカに一生懸命お金を貢いで命令してもらっている、ということです。アーミテージ・レポートのような提言に、日本との窓口になっている米国サイドの言いたいことが盛り込まれているのは確かですが、同時に日本側からの入れ知恵あるいは目論見《もくろみ》が含まれているのも間違いないでしょう。アメリカ側に以心伝心で伝わるのか、もっと明示的な形で伝わるのかはわかりませんが。

つまり、日本の支配エリートが「集団的自衛権の行使はできて当たり前だ」といった内容を正面切っては言えないために、アメリカに言ってもらうような構図があるのです。こうなると、アメリカが日本を使っているのか、日本がアメリカを使っているのか、単純に言うことはできなくなります。ただ日本がアメリカを使っていると言っても、日本の特定の勢力が使っているというだけで、それが日本国民の利益になっているかどうかは別問題です。

トランプ政権には唯一、功績がある

このように、日米関係はますます一体化する方向に進んできたのですが、安倍政権にアクシデントが起こります。トランプ政権の誕生です。トランプ氏の特徴は、良くも悪くも政治の素人だったことです。まさに素人であるがゆえに、ワシントンの既存の政治にほとほと嫌気がさしていたアメリカ人の支持を受け、大統領になった。

トランプ氏はまず、「こんな協定はアメリカの利益にならん」と言って、TPPからいきなり撤退しました。TPPもひどいもので、何かしら動きがあるたびに、日本の為政者はTPPの存在理由の説明をころころ変えてきました。最初は、「自由貿易圏が広がることで経済が拡大する」、要は儲《もう》かるんだ、という説明でした。それに対し「嘘だろう。これはアメリカが日本から収奪するための協定だ」といった批判が出てくると、「試算が間違っていた」と前言を撤回します。「実はＴＰＰによってＧＤＰはそれほど伸びません」という話になり、結局、中国抜きの経済圏を作るのが目的だという説明になりました。要は、ＴＰＰは経済政策というよりも安全保障の政策だ、という説明が出てきたのです。トランプ政権がＴＰＰから撤退することによって、初めて本当の意図（中国包囲網の形成）が物語られた気がします。

外交においてトランプ政権の素人としての特色が最も強く表れたのは、朝鮮半島問題への関与だったと思います。北朝鮮の核ミサイル開発が進んでくるなか、もはや放置するわけにはいかない状況になり、ついには金正恩《キムジョンウン》氏との罵《のの》り合いが始まりました。しかし後から考えれば、「核戦争だって辞さないぞ」という姿勢を見せつけた罵り合いは、やはりブラフだったのでしょう。いわゆるトランプ氏のディールです。高い球を投げて、緊張を高めるだけ高めておいて、ストンと落として交渉に入る、といった手法です。恐らくそれは、彼がビジネスで行なってきたやり方なのでしょうが、結果的に、直接対話によって局面を打開しようとしました。

トランプ政権をいい政権だったとは決して思いません。しかし唯一の功績があったとすれば、朝鮮半島問題の本質が何かについて、世の中に気づかせたことだと思います。すなわち、北朝鮮の核開発の問題を根本的に解決するためには何をしなければならないのかと言えば、朝鮮戦争を終わらせないとダメだ、ということです。朝鮮戦争が休戦状態になって七〇年ほどが経っています。現在ドンパチをせず凍結されているだけで、国際法的には戦争は続いています。

貧しいのに軍事に大金を使うのも、拉致《らち》事件を引き起こしたのも、個人崇拝体制も、北朝鮮を異様な国家に見せます。これらすべては、戦争が継続中だという事実に淵源《えんげん》します。韓国、アメリカ、日本という軍事的には圧倒的に優勢な国々に包囲されたまま戦争が続いているからこそ、生き残るために、総毛を逆立たせたハリネズミのようになるわけです。核武装を含めた異様な行動はすべて、根本的にはこうした姿勢から出てきた。ですから、朝鮮戦争を終結させなければ、根本的な解決はもたらされないはずです。

トランプ氏と金正恩氏の交渉で出てきたのが、朝鮮戦争終結宣言の可能性でした。残念ながら実現していませんが、実現すればこれは画期的です。朝鮮戦争の当事者であるアメリカは、戦争が終結すれば北朝鮮と講和を結び、国同士の関係を持つでしょうし、日本も同様だからです。終結さえ実現すれば、多くの国々が北朝鮮と通常の付き合いを始め、一種の開国のようなことが起こるのです。

北朝鮮も経済発展のために、本当はそうしたいわけです。金正恩氏がトップになって以降、北朝鮮では「先軍政治」から「並進路線」への転換が図られました。先軍政治とは軍事がすべてに優越するという方針ですが、軍事と同じぐらい経済発展が大事だという方針が「並進路線」です。これまで採られた極端な方針を考慮に入れると、本音がどこにあるかは明らかだと思います。貧しいのに軍事に大金をつぎ込むのは、できればやめたいわけです。平和が保障された状況での経済発展を本音では望んでいるといえる。

ですから、朝鮮戦争が終結すれば、朝鮮半島の情勢は劇的に転換するでしょう。当然、そうした転換が起こった場合、北朝鮮が体制危機に陥る可能性もあり、現・北朝鮮指導部はその予想もしているはずです。朝鮮戦争終結後の朝鮮半島が中長期的にどうなるかは非常に複雑な問題ですが、ともかく戦争終結は、北朝鮮と朝鮮半島の状況を一変させる起爆剤になるのです。噂によると、トランプ氏は朝鮮戦争を自分の手で終わらせてノーベル平和賞を取ってやる、という野望を持っていたと思われます。トランプ氏がどんなにひどい人でも、確かにこれをやり遂げたらノーベル平和賞に値する、とは思います。

日本の戦後レジームの本質は朝鮮戦争レジーム

　では朝鮮戦争終結の可能性が語られ始めたとき、日本はどう振る舞ったのでしょうか。驚くべきものだったなと思います。まず、トランプ大統領と金正恩総書記が罵り合っている状況の下、世界中が「物騒なことを言っているぞ。これはまずい」と危惧しました。世界各国が「冷静になってほしい」というメッセージを発していたときに、日本の安倍首相だけが「北朝鮮には異次元の圧力が必要」と言いました。「北朝鮮と国交のある国は、さらなる圧力を掛けるために断交しなさい」と。あの状況で「さらなる圧力を」という言葉は何を意味したでしょうか。当時、金正恩斬首《ざんしゅ》作戦など、アメリカの軍事行動の可能性も具体的に語られていました。ですからそれは、朝鮮戦争が再開してしまってもいいというメッセージだったと、私は思います。

　安倍氏は大いに焚《た》き付けたのですが、突然、「俺は、元々やる気はなかったんだ」とトランプ氏から梯子《はしご》を外されました。トランプ氏が北朝鮮と直接交渉をすると言ったときも、もちろん安倍氏に相談したわけではありません。ただ、その間もずっと日本は「朝鮮戦争終結宣言など絶対に出さないでください」と、アメリカに一生懸命水面下で働きかけていたわけです。

なぜ、そうした働きかけがなされるのでしょうか。戦後の自民党中心の体制は、占領期の逆コース政策に歴史的起源があります。その逆コースがうち固められていった最大の要因は、朝鮮戦争の発生にありました。そう考えたとき、日本の戦後レジーム、「戦後の国体」の本質とは、朝鮮戦争レジームです。安倍氏から見れば、朝鮮戦争は「歴史的故郷」なのです。従って終結されたら困る、何がなんでも続けてほしい。終わるぐらいなら、戦争が再開されたほうがましだ、という日本の支配権力のいわば本音がここで表れました。

それにしても、この日本政府の行動とそれに対する日本社会の反応には二重に驚かされます。まずはその非人道性。今戦闘が止まっているとはいえ、七〇年にもわたって戦時が続いているという状況に終止符が打たれるべきことは論を俟《ま》たないのではないでしょうか。その終結に協力しないばかりか積極的に反対するという行為の非人道性は、どれほど強調してもし足りないと私は思います。そして、二重に驚かされるというのは、日本社会のほとんど誰も、この非人道性に対する批判の声を上げないことです。

私の知る限り、日本は朝鮮戦争終結に向けて協力するべきだと論じたメディアは、沖縄の新聞だけでした。平和国家という日本の建て前の内実は、ここまで崩れていることを思い知らされました。

かつてあった、北朝鮮をめぐる六カ国協議（北朝鮮の他に米・中・日・韓・ロ）では、日本も朝鮮半島問題に影響を持つ重要なプレーヤーとして遇されていました。ところが、だんだん相手にされなくなっています。理由は、主張が身勝手で、かつ問題解決や新秩序形成へのビジョンがないからでしょう。北朝鮮にずっとこのままでいてほしいというのが日本の本音ですから、当然です。実際、日本は蚊帳《かや》の外に置かれるようになり、トランプ氏が姿勢を急転した時も、現に日本は振り回されただけでした。

こういう具合ですから、日本の戦後レジームの支配者たちから見ると、何をしでかすかわからないトランプ政権は、やはり「大変危険」だったことになります。共に中国包囲網をつくっていたはずが、「そんな話は聞いてねえ」とばかりに、トランプ氏はTPPから降りました。そして、米軍の日本駐留の根拠の一つでもあるため、日本にとっては朝鮮戦争を続けてくれることが大事でした。それなのにトランプ氏は突然、個人的野心からかはわかりませんが、「朝鮮戦争を終わらせるぞ」などと言い出したのですから。

このような危険な人物には、媚《こ》びを売っておいて善良なる子分を演出する、つまりある意味で「手なずける」必要があります。こうして、日本はトランプ氏との蜜月《みつげつ》を演出しました。安倍氏のトランプ氏への媚びの売り方は、やはりすごかったと思います。オバマ政権時にも同様に蜜月が演出され、「すきやばし次郎」で一緒に寿司《すし》を食べたりしていました。トランプ氏はオバマ氏のやってきたことを一から十まですべて否定したわけですから、その人とも仲良くするというのは、本来はあり得ません。しかしともかく安倍政権としては、武器を買いまくるなどしてご機嫌を取るしかなかったわけです。

一番滑稽《こっけい》だったのは、トランプ大統領誕生の時です。選挙戦期間中に安倍氏はアメリカを訪れました。まだ勝者が決まっておらず、次の大統領になる人に挨拶《あいさつ》しておくべきではないか、と安倍氏は考えた。そこで、ヒラリー・クリントン氏とトランプ氏の両方を訪ねようとしたところ、日本の外交官はこう言ったのです。「トランプ？　あんな者が勝つわけがありません。クリントンのところにだけ行けば大丈夫です」。それでクリントン氏にのみ挨拶し、トランプ氏には会わずに帰った。結果、選挙の蓋《ふた》を開けてみたらトランプ氏が勝ってしまった。

焦った安倍氏は、外務官僚をどやしつけたと言われます。「どういうことだ。言っていることが違うじゃないか」と。慌てふためいた安倍氏は、そこで大統領就任前のトランプ氏のもとに、ゴルフクラブを持って参上したわけです。そんなことをするから、オバマ氏から「大統領はまだ俺なんだけど」と不快を表明されるのです。属国の哀しみと滑稽を感じざるを得ない話です。

「消極的」から「積極的」への方向転換

このようにどこまでトランプ氏の靴を舐《な》めるのか、という姿勢を見せながら、安倍政権は事実上、外交多角化の方向へと踏み出していきました。

二〇一五〜二〇一六年頃までの、安倍政権前期の外交方針は、比較的シンプルでした。対米従属を強化してアメリカとの絆《きずな》を強めることによって、台頭する中国を抑えよう、という考え方です。さらにはインドやオーストラリアとの連携も深めることで、中国を包囲しようというビジョンがありました。その政策的な表れが、集団的自衛権の行使容認であり、TPPの推進だったわけです。

この新しい方向性を、安倍氏は「積極的平和主義」とも呼びました。ところで「積極的平和主義」とは何なのでしょうか。これは暗に、それ以前の日本の平和主義は消極的だ、と言っています。その消極路線を積極路線に転化するのだ、と。これだけを聞くと、消極より積極のほうがいいのでは？　という印象も生じるのですが、内実を見ると、かなり大きな疑問が湧きます。戦争への姿勢、あるいは安全保障の根本的な在り方について「積極的」になろう、と言っているに等しいからです。

自国の安全を守る時に、積極的方法と消極的方法があり、消極的方法とはなるべく戦争から身を遠ざける、とにかく戦争しない、戦争に関わらないという姿勢です。それに対して積極的方法とは、それこそ敵を積極的に名指しし、敵の脅威を除去、あるいは無力化し、自国の安全を守る姿勢です。従って、戦争をも辞さないという姿勢が、積極的な安全保障になります。

戦後の世界を眺めると、まさにこの積極的安全保障を盛んに行なってきたのがアメリカ合衆国です。日本は憲法九条の大方針により、とにかく戦争から身を遠ざける方針をとってきました。集団的自衛権行使の容認とは、アメリカ軍の用兵と日本の軍事力を限りなく一体化させてゆくことを意味します。もちろんいきなり全部を一体化できるわけではありませんが、先ほどのアーミテージ・レポートにもあったように、一体化を一層進めたいという傾向が顕著にあります。

もし本当に一体化するならば、アメリカの安全保障の方針に日本も合わせなければいけなくなるでしょう。すなわち、方針を「消極的」から「積極的」へと転換しなければならなくなるわけです。

そのため安倍首相は、集団的自衛権の行使容認を決めたときに、大変な二枚舌を使いました。

国内に対しては「容認により戦争の危険が近づくとか、日本が戦争する国になってしまう、ということを言う人たちがいますが、そんな批判はナンセンスです」と。「これまでと基本的には何も変わらないんですよ」とアピールしたのです。変わらないなら、わざわざ憲法解釈の変更もしなくていいのでは？ と思えるので、まったく奇妙な説明です。つまり論理は矛盾していますが、安倍氏はとにかくも変わっていない、というイメージ作りに腐心したわけです。

一方で外遊に出て、例えば中国包囲網を一緒につくろうと話をつけたオーストラリアに行くと、こう言ってアピールしました。「日本の姿勢はドラスティックに変わったんだ。期待してくれ」と。外に対しては「変わったぞ」と強調し、内に対しては「全然変わっていない」という二枚舌を使った。これは敗戦直後の歴史を思い起こさせます。当時の吉田政権は、国内向けには「国体は護持された」というアピールをする一方、サンフランシスコ講和条約に調印した。講和条約の締結は、要するに、「日本はあの悪夢の軍国主義体制から根本的に変わりました」ということの宣言にほかなりません。このように変化と継続を曖昧《あいまい》にすることは、日本の悪しき政治文化として根深いものなのでしょう。

集団的自衛権の行使容認とは憲法解釈の原則的な変更、つまり事実上の改憲を意味しますから、やはり重大事です。これについて田原総一朗氏が興味深い証言をしています。この集団的自衛権の行使容認を決めた後の安倍氏に「さし」で会った時、「次は憲法か」と田原氏が聞いたところ、安倍氏は「憲法改正をする必要はなくなった」と言ったというのです。これはなかなか衝撃的な発言です。この件で田原氏が嘘をつく理由はありませんし、安倍総理の発言を捏造《ねつぞう》してふれ回ったとすれば、あまりにも事は重大です（本人の信用にかかわります）から、実際にそういう発言があったのでしょう。

確かに、安倍氏の言う通りなのです。つまり、改憲して軍事力の行使を可能にしようと言っても、日米安保体制を前提にしている限り、その軍事力の行使は何らの独立性も持ちません。日米安保体制には指揮権密約があり、有事においては米軍が主体となって、日本はそれと共同して何かをする、ということにしかならないでしょう。集団的自衛権の行使として共同の軍事行動をとる場合、その指揮権が究極的にどこにあるかと言えば、圧倒的にアメリカです。自衛隊は事実上、米軍の一部隊となって運用されるほかないでしょう。

指揮権密約について研究してきた人々からは、仮に日本側が「嫌だ、われわれは独自の動きと判断で行動したい」と言っても通らないのではないか、すでにそうした密約が結ばれているのではないか、と指摘されています（指揮権密約についての研究は、末浪靖司『「日米指揮権密約」の研究』創元社、二〇一七年を参照して下さい）。日米安保の本質がそのようなものだとすれば、憲法を改正し、いわば堂々と軍事力を持ったところで日本の側の主体性はまったく増しません。

ここにはお馴染《なじ》みのパラドックスがあるわけです。憲法九条を日本に強いたのは確かにアメリカだったかもしれないが、その後の東西対立のなかでアメリカの軍事戦略に従って自ら兵を出すという形での軍事的貢献をせずに済んだのは、九条のおかげでした。言い換えれば、一面では、日本の主体性を九条が支えた。そして、片務的同盟――つまり、アメリカは日本を守る義務があるが、日本はアメリカを守る義務を持たない――だから自主性を発揮できないのだと言って憲法を改正し、フルスペックの攻守同盟へと日米安保を変えると、アメリカの軍事戦略により一層深く取り込まれることになってかえって自主性を失う、という逆説です。

そして、集団的自衛権の行使が容認されて自衛隊が米軍と一緒に行動することが原則的に公認されたのであれば、憲法的な制約が根本のところで取り払われたことを意味します。

すなわち、日米安保条約と日本国憲法（戦争放棄）との間の矛盾が、この解釈改憲で取り払われたことにもなるわけです。

ここまできたのだから、アメリカとの関係の「密着化」については一段落したと言っていい。そのようなときにトランプ大統領誕生という想定外の出来事が起こり、とりあえず彼のご機嫌をとる以外にはなくなった。そうした状況下で外交における方向転換が生じ、外交は多角化の気配を見せ始めた、というわけです。

安倍政権は四島返還を実質的に放棄した

外交の多角化の方針が最も色濃く表れたのは、対露外交、対露交渉であったでしょう。主眼はもちろん、北方領土問題の解決と平和条約の締結にあります。これは日本外交が対米従属一辺倒ではなくなってきたことを意味するように見えました。この間、米露の関係はかなり緊張しており、日本はそのアメリカが嫌がるロシアと仲良くしようというのですから。しかし結論から言えば、この交渉は結局迷走に終わりました。

まず、二〇一六年五月にさかのぼります。安倍首相がソチを訪問し、当時クリミア併合問題で国際的孤立を深めていくロシアに、日本が手を差し伸べた形になりました。この時安倍氏は、膠着《こうちゃく》して凍結状態になっている北方領土問題の解決と日露平和条約を結ぶという課題に対して「新しいアプローチ」で臨もうではないか、と提案しました。「新しいアプローチ」とは何であったのか。この時点での内実はよくわかりません。

ともかくも、プーチン大統領の目には「日本は自主外交をやる気になったのか」と見えたかもしれません。確かに、それまで一五年ほど日本の対露外交に目立った動きはなく、ほとんど放置状態のような有り様であったわけで、何か新しいことを腰を据えてやる気になったかのように国内外で受け取られたわけです。

ここで対露外交の近過去を振り返ってみましょう。鈴木宗男氏が重きをなして対露交渉をしていたのが、橋本政権から小渕《おぶち》政権、森政権にかけての一九九六年〜二〇〇一年頃です。結局これが土壇場でうまくいかず、いわゆる鈴木宗男事件に発展し、北方領土問題解決も頓挫《とんざ》しました。その頃から一五年ほどの間に外務省が何をしていたのかは、謎です。何もしていなかったとしか思えません。

おそらく外務省の本音は、外交の多角化に反対なのでしょう。そこで安倍氏は、対露交渉を外務省主導ではなく官邸官僚（経産省）主導に転換し、北方四島での経済協力を積極的に推進してゆきます。経産省を代表したのが、有名な今井尚哉氏です。彼が安倍首相の側近中の側近となり、頻繁に名前が取り沙汰《ざた》されるようになりました。彼もある意味で素人外交を行ないましたが、それによって、外務省出身でそれまで安倍側近として外交を取り仕切ってきた谷内《やち》正太郎《しょうたろう》氏は後景に退くこととなりました。

この間に、どの時点でなのかははっきりとしませんが、安倍氏は四島返還から二島返還へと方針を転換したと見られます。つまりは、領土問題については歯舞《はぼまい》群島と色丹《しこたん》島の二島返還で基本的に手を打って、平和条約を結ぼうという方針です。一説によれば、一九五六年の日ソ共同宣言に基づいて平和条約交渉を加速させることで合意した二〇一八年一一月のシンガポール会談の際に、この方針をプーチン氏に伝えたのではないかと言われています。

この説が正しいのであれば、二〇一六年にソチで言い出した「新しいアプローチ」とやらは何であったのか、深刻な疑問を禁じ得ません。端的に言って、ポツダム宣言やサンフランシスコ講和条約、日ソ共同宣言といった、日本がサインした歴史上の外交文書の内容を確認すれば、四島返還を拒むロシアの主張は別に無理筋な話ではなく、むしろ四島を全部返せ、と言っている日本のほうが無理筋と言わざるを得ない。ゆえに、領土問題の交渉はここまで延々と堂々巡りを続けてきたわけです。その経緯を無視して、従来と変わらない主張をロシア側に投げ掛けていたのだとすれば、「新しいアプローチ」は無内容な代物にすぎません。

ともあれ、安倍政権の下で四島返還という方針を実質的に放棄したのですから、大きな方針転換をしたわけです。このことが明るみに出たのは二〇一八年一一月のことでしたが、世論の強い反発は生じませんでした。これが二〇年という時の流れの重みなのか、と私は隔世の感を抱きました。鈴木宗男事件が起き、それまでの対露交渉が無に帰してしまった根本的な理由は、四島返還以外に解決はあり得ないという、日本政府が長年流布し続けた対露（ソ）プロパガンダが効きすぎたことです。

日本国民の大多数は「四島返還以外にあり得ない」という頭で完全に凝り固まっていた。そのため、とりあえず二島を返してもらい、残りの二島は継続協議のような形をとれば解決できるのでは？　というアプローチが九〇年代後半に出てきたときに、日本社会はこれを受け入れられなかった。そこから「鈴木宗男は国賊だ。あいつはロシアに島を売り渡そうとしている」といった話が広まり、鈴木宗男事件の発生につながっていきました。

ですから、日本の世論はこの二〇年で、四島返還は無理筋な話だと少しは学習したことになります。また安倍政権の下で、日本は九〇年代後半の交渉方針へと復帰したことになります。

プーチンの対日不信

この方針転換によって、北方領土問題の解決とそれを解決した上での日露平和条約締結の現実味が、かなり出てくるはずでした。ところが、うまくいきませんでした。なぜでしょうか。プーチン氏の対日不信を拭《ぬぐ》い去ることができなかったからだと、私は見ています。

二〇一六年一二月にプーチン氏は来日しましたが、来日の直前と来日時に行なわれた記者会見において、プーチン氏はかなり率直に自らの見解を公にしました。その内容から察するに、彼の考えは次のようなものです。「日本はロシアと友好関係を持とうとしていると言う。両国関係をもっと発展させたいと言う。それならば、これまでひたすらアメリカに追従してきた日本の姿勢を改めることもできるのですか」と。

言い換えれば、日米安保体制は相対化されるのですか、ということです。「もちろん日米安保体制があり、それを簡単に廃棄できるものでないことは知っているけれども、日米安保体制の枠内でも日本は独立国としての意思を持つと言えるのですか。我が国ともっと緊密な関係を結ぼうとすれば、アメリカはそれを嫌がりますよ。アメリカが嫌がることでも、独立国だから追求するのだ、という姿勢はあるのですか」。一九五六年の「ダレスの恫喝」（一九五六年夏、鳩山一郎政権下で日ソ国交回復の交渉が行なわれた。首席全権を務めた重光外相は北方領土返還交渉において、交渉途中で四島返還から二島返還による平和条約の締結を志向する。これに対し、アメリカ国務長官ダレスは、日本が国後《くなしり》、択捉《えとろふ》をソ連に帰属せしめたなら、沖縄を米国の領土とする、と重光を恫喝した。これについては松本俊一『増補・日ソ国交回復秘録――北方領土交渉の真実』朝日新聞出版、二〇一九年を参照して下さい）にまでわざわざ言及したプーチン氏は、日本に主体性はあるのか、という究極的な問いを投げ掛けたのです。

このように彼は問い掛けたわけですが、それに対して日本が与えたのは、はっきり言ってゼロ回答でした。それが明らかになったのは、プーチン訪日直前に、谷内正太郎氏がモスクワを訪れ、プーチン側近のニコライ・パトルシェフ安全保障会議書記と会談した際においてでした。パトルシェフ氏は、二島（歯舞・色丹）を返還したらそこに米軍の基地が置かれる可能性はあるのかと問い掛けたのですが、これに対して谷内氏は「可能性はある」と返答しました。そこから、「プーチン来日に向けて日露関係は大きく動きそうだ」という、二〇一六年の安倍氏のソチ訪問以降急速に強まった雰囲気は霧消していきます。

思うに、パトルシェフ氏の問い掛けは、文字通りのものではない。なぜなら、対露脅威を見据えて米軍基地を新設するというのならば、北海道につくることもできるはずです。だから、この問いは「日本には対米従属を脱するどれほどの意思があるのか」を探るものだったのだろう、と私は推量します。それに対する谷内氏の答えは、「その意思はない」というものだった。ここでプーチン氏は恐らく「ダメだな、これは。真面目に話しても時間の無駄だ」という結論に達したと見られます。うがった見方をすれば、外務省出身の谷内氏は、経産官僚に牛耳られた対露交渉を潰《つぶ》すためにこうした発言をしたのかもしれない。

このやり取りが明るみに出た後、安倍氏は谷内発言を実質的に打ち消すべくロシア側に米軍基地が置かれることはないとのメッセージを送りますが、ロシアの対日姿勢は強硬さが目立つようになり、二〇二〇年七月にはロシアは憲法を改正し、領土割譲を禁止するという条項を掲げるに至りました。

この憲法改正によって（この憲法が有効である限り）、北方領土問題の解決が半永久的に望めなくなったという論評がありますが、それは少しおかしいと思います。この条項には例外が認められていて、「国境線の画定は除く」と書いてあるからです。北方領土を日本に譲り渡すことは領土割譲か、それとも国境線の画定か、それは言葉の問題です。現状では北方領土はロシア領だから、これを割譲するのは憲法違反になるでしょうが、「いや、南クリルは係争中だ」とロシア側が認めれば、話は変わります。

それにしても、プーチン氏と安倍氏はあれだけ何度も会談したのに、最終的には何の結果も出せなかった。そして節目節目で、安倍氏の「決意」「意欲」が繰り返し表明されましたが、その言葉遣いには異様に情緒的なものがありました。

とりわけ、プーチン大統領をわざとらしく「ウラジーミル」とファースト・ネームで呼ぶことに何の意味があったのでしょうか。冷徹で知られるプーチン氏に限らず、他国の国家元首とファースト・ネームで呼び合ったからといって国益を譲ってやろうなどと考える政治家は世界のどこにもいません。そのくらいのことは安倍氏でもさすがに理解しているでしょうが、にもかかわらずそれを止めなかったのは、米大統領との個人的な関係をアピールすることが国内向けにポイント稼ぎになるという習慣を、惰性的に対露関係にも当てはめたためでしょう。

結局のところ、対米従属一辺倒の方針を転換しようという確たる覚悟もないまま相手に手の内を見透かされ、これまで対米外交の場面で用いてきた演出手段を節操なく使って、「やってる感」を醸し出してみたということにすぎませんでした。果たしてこれを外交と呼ぶに値するのか、疑問と言うほかありません。

そして今、本書を仕上げるための原稿を書いている最中に、ロシアによるウクライナ侵攻が発生し、世界を驚愕《きょうがく》させています。プーチン大統領の決断は世界の多くの人々を唖然《あぜん》とさせており、その真意を測りかねています。プーチン氏と二七回も会談し、ファースト・ネームで呼び合う仲だという日本の元首相に対して、プーチン氏を説得する力があるのではないかと期待する声は、日本国内からさえもほとんど上がりません。それは当然のことでしょう。核戦争の危機すら取り沙汰されている今は、冗談を言っている時ではないからです。

対中戦略をめぐる動揺

続いて対中外交を概観します。中国に対する戦略は、実にややこしくなっています。先に述べたように、安倍政権の前半期には、ＴＰＰ等を軸にした中国封じ込め政策がとられました。これは、経済ブロックの観点からみると、中国の「一帯一路《いったいいちろ》」構想への対抗でもありました。また価値観外交もアピールされました。

価値観外交とは、民主主義、法の支配、人権等の原則を共有する諸国とは仲良くできるが、こうした価値観を共有できない国とは仲良くできない、とする外交のスローガンです。日本がそれらの価値観を本当に奉じているのかについては大いに疑問ですが、要は中国を排除したい、という目的で掲げたものです。

中国は人権を侵害しているし、実質的に独裁制だから民主主義も達成されておらず、法の支配も怪しい。このように決めつけて、日本と価値観を異にしているとわざわざ強調したいためのスローガンです。ところが、この外交方針もなし崩し的に変化していきます。

その間、アメリカと中国の関係がどんどん悪化していきました。トランプ政権が生まれたのと同時期の二〇一八年七月頃、米中摩擦の本格化が始まるわけです。アメリカからの輸入品に中国が追加関税をかけ、当初は単なる貿易摩擦だと思われましたが、摩擦はほかの分野へと燃え移っていきます。とくに緊張が増していったのが、安全保障の問題です。

「安全保障に関わるコンピューター技術の政府調達などに中国企業が入っているのは危ない」ということで、中国政府に情報を流していると考えられる企業はアメリカから締め出す、とされました。ただしこれは手遅れだったのではないか、とも言われています。

この問題は、米中の今後について考える際に大変示唆的な問題でもあります。現在は、アメリカはファーウェイ(HUAWEI)等を締め出してやっていけるのか、と言われています。私は、結構大丈夫なのではないかと思っています。

逆のケースが既にあります。アメリカが中国のＩＴ企業を締め出すずっと以前に、中国がグーグルを締め出しました。その際にも、これからはどう考えてもＩＴの時代であり、ＩＴ抜きに国や社会の発展はあり得ないのに、そのＩＴの巨人を締め出すのは正気の沙汰ではないと言われましたが、中国は国家保安を優先したわけです。

中国は、グーグルが国家保安を脅かすと判断して締め出したわけですが、どうなったでしょうか。国が破滅に向かうようなことはまったくないことが証明されました。グーグルに類似したサービスが国産でどんどん開発され、そちらが使われていったからです。グーグル等のＩＴ巨人企業の締め出しは鎖国的な政策だと言われたものの、鎖国したら鎖国したで、内部の生態系が独自に出来上がった。アメリカでも、特定の中国資本を締め出したからといって、国がやっていけなくなる状況になどならないと思います。

話を戻しますが、貿易摩擦で始まった米中間の問題が安全保障へと飛び火し、さらにウイグル問題、香港《ホンコン》問題、人権の問題へと波及していきます。つまり、価値の問題です。そうした米中対立昂進《こうしん》の最中の二〇一九年三月に、安倍氏はこう言いました。「日中関係は完全に正常に戻った。良好である」、と。また、二〇二〇年四月には、習近平氏を国賓として招く予定でした。これはコロナ禍の影響で無期延期になりましたが。アメリカが中国敵視政策へとのめり込んでいくなか、日本は中国をいわば手厚く、丁重に扱ったのです。中国包囲網はどこへ行ったのでしょうか。

なぜこうなったのかという理由を推論するなら、やはり日本の経済面での中国依存はあまりにも深い、ということでしょう。TPPは結局、机上の空論だった。中国との関係を断ち切って日本の資本主義が生きていくなど不可能だ、という現実に直面したのです。また、日本の各種産業が衰退して稼げなくなっていくなか、とにかく中国人観光客が日本に来て金を落としてくれれば儲かるということで、インバウンド政策が追求されました。中国を封じ込めてアメリカと一緒に敵視などしていられない。だから習近平氏を招こう、という話になったわけです。

前景化した台湾問題

二〇二〇年アメリカ大統領選の期間中、トランプ氏とバイデン氏のどちらが勝とうがアメリカの中国への姿勢は変わらないか、厳しくなると私は思っていましたが、実際にそうなりました。バイデン政権になって、より厳しくなったと言えます。それは、中国のプレゼンス拡大を示す振る舞いが多くの場面で目立つようになったため、本気で抑えなければ、というモチベーションが高まったこともあるでしょう。さらにはバイデン政権だと民主党政権ですから、価値の問題を重視するわけです。

逆に言うと、トランプ氏はビジネスマンだから、価値の問題にはあまり興味がなかった。「おい、いくらなんでも儲けすぎだろう。少し遠慮しろ」というのが、彼の中国に対するスタンスでした。バイデン政権はそうはいきません。民主主義や人権といった価値の問題が前面に出てきます。金の問題ならば、適当なところで「まあ仕方がない」と思って互いが妥協妥結することもそう難しくないかもしれない。ところが金では片づかない問題となると、対立の緊張度、深刻度が増すことになるわけです。

アジア地域の問題で考えると、ウイグルや香港よりも難しい最大の懸案が台湾問題です。米中対立がさまざまな面で緊張の度合いを高めるなかで、アメリカの台湾への関与が強められ、もちろん中国はそれに反発し、台湾有事の可能性が頻繁に語られるようになってきました。そうしたなかで発生したコロナ禍において、台湾はコロナ対策の成功により、国際的に大きな注目を集めました。そのような、小さくても輝く存在としてある台湾に対し、武力で制圧し併合することもありうるとの姿勢を中国は堅持しています。

中国は各国に対し、こう言っています。「『一つの中国』という原則を、国交を開く時にあなた方は認めたよね。つまり、台湾にある中華民国と自称している国は、国ではないと認めたということだよね」、と。これは確かに正論です。日本を含めた国際社会は、一応この正論に同意しつつ、事実上は台湾を一つの国として認めるという二枚舌で、この問題に対処してきました。

中国が実力をつけてきたことを背景に主張したいのは、文字通りに「一つの中国」を実行しろ、「一つの中国」の原則を言行一致させろ、ということです。諸外国のこれまでの台湾の扱いに関し、中国としては腹が立つものの、これまでは強制する力がなかったので諸国の二枚舌に対して黙ってきた。しかし実力がついてきたので、もはや黙っていない、ということです。

日本はどのような姿勢を示しているのでしょうか。政治的には、アメリカとの関係が依然強く重要視されているので、台湾問題についても対米追従をしたい。他方で、経済では中国によって生命線を握られているという、深刻な股裂《またさ》き状態があります。これまでのG7でも、アメリカは対中包囲網をつくろうという姿勢を鮮明に見せていますが、日本は逡《しゅん》巡《じゅん》している。はっきり言えば、困っている。

このように緊張感が増すなかで、中国自体がどういう方向へ進もうとしているのかに関する情報が減少してゆく傾向があると感じられます。中国脅威論の論調一辺倒になってくると、それを主張する人の声ばかりが大きくなる一方で、実際のところはこうだという、機微に触れる事柄を誰も調べられなくなる状況が生じてくる。対話のチャンネルが失われ、「台湾を版図に収めなければ中華人民共和国は完成しない」という中国の夢を武力を用いてでも実現する意思を、習近平氏は本当に持っているのか、それを探りようがなくなってくる。こうしてコミュニケーションが一層不透明になり、どう対処するべきなのかわからなくなる。そのような危険なスパイラルに入って行きかねない現実があると思います。

そしてこの間の過程で、安倍晋三氏が露呈した途轍《とてつ》もない無責任さは驚くべきものでした。先述したように、コロナ禍がなければ、安倍政権は国賓として習近平氏をおもてなしするはずだった。コロナ禍という不測の事態により習氏の来日は無期限延期となり、安倍氏も首相の座から降りた。コロナ禍への対処によって台湾が存在感を示す一方で、米中対立は深まって台湾有事の可能性が以前よりも現実味を増していると声高に語られるようになりました。

そうなったら彼は何を言い出したか。今や一の子分となった高市早苗《たかいちさなえ》氏とともに台湾有事の危機を喧伝して、中国敵視を強めるよう岸田政権に圧力を掛け始めました。その口ぶりを聞いていると、中国はならず者の軍国主義国家だとの認識を安倍氏が持っているのだろうと感じさせられるわけですが、そうであるならば、習近平氏が来たときに一体どんな口調で何を話すつもりだったのか、理解に苦しみます。

さらには、岸田政権で外務大臣に就任した林芳正《はやしよしまさ》氏は、安倍支持層から「親中派、媚中《びちゅう》派」という噂を立てられていますが、林氏は安倍氏にとって同郷（山口県）の手強《てごわ》いライバル政治家であるという背景があります。こうした政治手法はきわめて危険な火遊びです。中国と独自のコネクションやパイプを持っているだけで、あたかも中国の国益の代弁者であるかのように見られるようになれば、嫌疑をかけられた者はそのつながりを断ち切らざるを得なくなります。こうして相手の真意や動きを摑《つか》んだり、逆にこちら側の意図を伝える回路がなくなってくる。国家間の緊張が高まれば高まるほど、無益な衝突を避けるためには長年の関係に基づいた、多くの場合非公式の意思疎通回路が重要になります。それを自分の権力基盤を維持するという利己的きわまる動機のために壊そうとしているのが、安倍晋三氏です。

冷戦秩序への回帰は不可能だ

まとめに入ります。

朝鮮半島問題への対応を通して明らかになったのは、日本が東アジアの冷戦構造に固執している、ということでした。歴史をさかのぼれば、対米従属を通じた対米自立が、戦後の第一期においては自覚的に目指されました。第二期になると、その対米従属が不可視化し、対米従属が日本の国益に資する構造的基礎——東西対立と日本国内の反米勢力——が破壊され崩壊しました。そして第三期の現在は、対米従属が自己目的化し、国体である対米従属体制を何とか永久に保ち続けたい、と望んでいます。すると、対米従属の構造的基礎を幻想的に回復しなければならない、という要請が出てくるわけです。

そこで、この幻想に一定のリアリティを与えるのが、中国問題です。中国をかつてのソ連の位置に置けばいいのだ。ソ連の脅威がある限り、アメリカが日本を重要な同盟国として遇さざるを得なかったのと同様に、「中国は危険だ、脅威だ」と宣伝すればするほど、アメリカは日本を可愛いがらざるを得なくなるはずだ、そう考える人たちは確かにいます。

そして、中国が強権的な膨張主義政策を採るならば、その脅威は「暴走する北朝鮮」などとは比較にならないほど大きくなります。ですから、最近の安倍氏や高市氏（ならびに彼らのファンである親米ウヨクの人々）は、妙にウキウキしているように見えます。

この戦後レジームの最悪の部分の代表者たちは、自己の権力基盤の維持のために対米従属体制を続け、対米従属体制を前提とした上で敗戦を否認する歴史修正主義的ナショナリズムの心情を満足させたいという、いじましい欲望を懐《いだ》き続けてきました。そのためには米日共通の敵が存在しなければならないのですが、ソ連崩壊以降、「北朝鮮の脅威」では迫力が足らず、「イスラーム原理主義のテロリズム」では現実感に乏しいという悩みがあったわけです。それらに比べると、大国化した中国の脅威はその実力と現実感において圧倒的な迫真性を演出できます。

ところが、中国をかつてのソ連ポジションに置くことはできません。なぜなら、ソ連とは付き合わないという手が使えましたが、中国相手には使えないからです。「あいつらは敵だ。隣人だけど、やばいからできるだけ付き合わないほうがいい」。そう言って、東西冷戦時代はソ連と付き合わずに過ごすことができました。ところが、中国に対して同じ方法は使えません。近年露《あら》わになったのが、まさにその手は使えない、ということでした。私たちのさまざまな産業や消費生活が、あまりに深く中国に依存しています。インバウンドはその象徴と言えるでしょう。この構造を断つのは到底可能ではないと思われます。ゆえに、実に深刻な股裂きが起こるため、構造的基礎の回復は幻想でしかありません。

しかし、幻想的であるということは、それが絶対にあり得ないということと同じではありません。あり得ないはずのこと、幻想が実現されてしまうことこそ、最も危険な事態です。ならば、どのような場合にこの幻想の実現可能性があるのか。

日米関係において、アメリカが日本に望むことには実は矛盾があり続けてきました。その矛盾は、歴史的には占領期までさかのぼるものですが、民主主義と人権を「普遍的価値」として奉ずるアメリカが、旧ファシストの尻尾《しっぽ》を引きずる勢力（親米保守）と組み続けていることとの矛盾なのです。すなわち、一方では日本はアメリカの奉ずる「普遍的価値」を、アメリカと同じ熱意で奉ずるものであってほしい。そうであってこそ、日本を盤石の同盟パートナーと見なしうる。他方で、アメリカの軍事戦略に積極的に加担して欲しい。もっと言えば、犠牲も覚悟して欲しい。

つまり、アメリカにとっての理想の日本とは、アメリカと「普遍的価値観」を完全に共有しつつ、軍事的に最高度に積極的な役割を果たすパートナーであるような日本、というものです。

しかし、この理想が矛盾でしかないというのは、「普遍的価値」の共有を徹底するならば、旧ファシスト支配層に連なる親米保守勢力と手を切らなければならないが、軍事的パートナーとしての日本にもっと積極的な役割を求めるならば、この勢力により一層力を発揮してもらわなければならないからです。

中国の大国化が進み、アメリカの支配力低下が生じるなかで、アメリカとしては同盟国により積極的な軍事的貢献を求めざるを得ない、という姿勢を明らかにしてきています。では、国民に対して犠牲を払う覚悟を求め、国のために死ねと言える勢力は、日本のどこにあるか。

それは、今日では安倍・高市ラインに代表される、旧ファシスト支配層からの連続性が濃厚な勢力に見出《みいだ》されるでしょう。この勢力は、アメリカの「普遍的価値」の観点からすれば、お話にもなりません。彼らは歴史修正主義者であり、差別主義者や極右の支持層から声援を受けています。

しかし、中国のさらなる強大化を力ずくで止めなければならない、という状況になったとき、背に腹を代えることができるでしょうか。端的に言えば、日本人に米軍とともに戦場で戦う覚悟を決めてもらうためならば、日本の首相が靖国《やすくに》神社に参拝しようが「従軍慰安婦問題など存在しない」と暴言を吐こうが、大目に見てやらねばならない、という判断にアメリカが至るとしても、まったく不思議ではない、ということです。

ナショナリズムの根幹が「国のために死ぬこと」を是とする心情にあるとすれば、現在の日本でそれを動員できる最も強い勢力は大日本帝国の幻影にいまだに囚《とら》われた面々であり、アメリカとしてはこの勢力に頼る以外に選択肢はないのではないか、ということです。

安倍政権の時代、二〇一三年末に安倍首相が靖国神社を参拝して、駐日米大使館が「失望した」とのコメントを発したことがありました。それ以降、安倍首相は靖国に行けなくなるのですが、ここでのアメリカの安倍批判の趣旨は、「周辺国に対して波風を立てるようなことをわざわざするな」というものでした。このように、アメリカがアジアにおける緊張の激化、そして究極的には戦争をあくまで避けようとしている限りでは、極右勢力に支えられた日本の反動的ナショナリズムの延焼を抑制しようとするでしょう。

しかし、戦争は不可避である、との判断にアメリカが至るならば、話はまったく変わってきます。その時、アメリカは腐朽しきった日本の戦後の国体を、その幻想をかなえてやることによって完全なる破滅にまで導きつつ、フル活用するのではないでしょうか。アメリカにとってこの選択肢が有望なものでありうるのは、この日本の反動的ナショナリズムの攻撃性は、もっぱら中韓などアジアに向かい、反米主義には向かわないからです。言い換えれば、このナショナリズムはアメリカにとってリスクなく利用できる安パイなのです。

沖縄の抑圧

このように二〇一二年体制の展開した外交・安全保障政策にはさまざまな転換、というよりも右往左往、ブレがあったわけですが、ただ一つ、まったく変わらなかったものがありました。それは、沖縄に対する姿勢です。

二〇一二年体制の成立の遠因となったのは鳩山由紀夫民主党政権の瓦解であり、この挫折の直接の原因は、米海兵隊の普天間《ふてんま》基地の辺野古沖移設問題でした。結局のところ、鳩山氏は辺野古移設へと回帰してしまい、そのことによって沖縄からは猛烈な批判も浴びました。しかし結果的に、鳩山氏がこの問題に取り組んだことがきっかけとなって、沖縄の世論は変わりました。その具体的な現れが、保革勢力が連携するオール沖縄の形成であり、翁長雄志《おながたけし》沖縄県知事の誕生（二〇一四年一一月）でした。

翁長知事は、二〇一五年一〇月に辺野古埋め立て承認を取消し、日本政府との裁判に入りました。同裁判は二〇一六年一二月に最高裁判決が出ましたが、判決の内容は国側の全面勝訴であり、いったん止まっていた工事は、これにより再開され、二〇一八年一二月には埋め立て海域への土砂投入が開始されました。

その間、二〇一八年八月に翁長氏が膵《すい》癌のため死去、オール沖縄を引き継いだ玉城《たまき》デニー氏が後継知事に当選、二〇一九年二月には「辺野古米軍基地建設のための埋立ての賛否を問う県民投票」が行なわれ、結果は「埋め立て反対」が七二・二％に上りました（投票率五二・四八％）。さらに、埋め立て予定の海域に軟弱地盤が見つかったことを根拠として、沖縄県は二〇一八年八月に埋め立て承認を撤回、これもまた国との裁判が続いています。

つまり、この間の国政選挙の結果も含め、沖縄からは「辺野古沖はＮＯ」というメッセージが繰り返し発せられました。それに対する政権の答えは、いわばゼロ回答、司法も政権に完全に追随する判決を繰り返して出してきました。

沖縄は追い込まれ、オール沖縄の象徴的存在であった翁長氏が他界するなかで、オール沖縄の結束を不安視する声もあります。だからといって、新基地完成の目途は立っていません。軟弱地盤の問題の深刻さが明らかになった今、辺野古沖の基地建設は政治的に問題であるばかりでなく、物理的にも絵空事になりつつあります。さらに、この軟弱地盤の問題をクリアする（できるのかどうか怪しいのですが）ための設計変更が必要になりますが、沖縄県は設計変更申請を承認しておらず、玉城県政が続く限り、こちらも裁判に発展するでしょう。いくつもの裁判が延々と続き、司法は政権に追随するなかで、工事は度々止まり、それでも断続的に土砂の投入が行なわれ、環境破壊は続くが完成の見込みは延々と立たない、といった悪夢のような成り行きが予測されます。

こうした状況を思うにつけ、本土の日本人として忸怩《じくじ》たる思いがあります。沖縄の基地問題をきっかけとして戦後日本の特殊な対米従属が露呈したのは、必然でした。なぜなら、沖縄は、「憲法九条を擁する平和国家」と「世界最強の軍事国家アメリカの強力な助力者」という戦後日本の矛盾がそこに集約され、またその矛盾を本土の日本人が直視せずに済ませることのできるための場所として機能してきたからです。この役回りを引き受け続けることを沖縄が拒否する姿勢を突きつけてきたとき、「戦後の国体」の無限延長以外に何の展望も持たない二〇一二年体制が示した反応は、沖縄の抵抗の声を無視し、抑圧することだけでした。そして、この無視と抑圧は、本土の大多数の日本人の沖縄に対する意識そのものにほかなりません。

二〇一六年の夏に発表された、天皇（現上皇）の異例の「おことば」。これは、象徴天皇の責務は「国民統合の象徴」たることであると強調することによって、平成時代に進行した統合の崩壊・喪失に対して暗に警鐘を鳴らしたものだと私は理解しました（詳細な解釈については、拙著『国体論』を参照して下さい）が、まさに沖縄においてこそ、「国民の統合」は揺らいでいます。そして、その統合の揺らぎを否認する日本人の振る舞いは、二〇一二年体制を支持し続けてきた振る舞いにまさに相応しいものです。沖縄を「統合」のなかにあるべき一部として認めようとしない本土の日本人は、本土の日本人のなかにおいても、もはや何らの共同性も持ち得ない寂しい存在になり果てているのです。

第五章　二〇一二年体制と市民社会

——命令拒絶は倫理的行為である

はじめに

本章では、安倍・菅・岸田を首班として続いてきた二〇一二年体制を支えてきた主体について考えます。なぜ、この体制が数々の失策と腐敗にもかかわらず維持されてきたのか。それは野党が弱いからだとか、小選挙区制度が良くないからだといった理由づけがしばしばなされますが、私は小手先の理由づけにすぎないと思います。理由はどうあれ、自公政権は国政選挙をやるたびに、相対的に最多得票を取り続けてきました。ですから、なぜ維持され続けたのかという問いに対する答えは単純で、要するに「多くの国民によって支持されてきたから」と言うほかありません。

この国民の選択の堅固さは、コロナ禍の下での、緊急事態宣言発令下での、医療崩壊の状況の下でのオリンピック開催が強行された直後の二〇二一年の総選挙でも、証明されました。このような選択をする社会とはどういうものなのか。それを本章では考えます。

デモクラシーの質

二〇二一年一二月に公表された、ある調査結果を報告する記事が話題になりました。その調査とは、アメリカの大学で教鞭《きょうべん》をとる堀内勇作《ほりうちゆうさく》氏らのチームが、「コンジョイント分析」という手法を用いて実施した実験的調査です。それは、日本の有権者が諸政党の提示する政策をどう評価しているかと、その評価と投票行動がどう関連しているのか、を検証するものでした（「マーケティング視点の政治学――なぜ自民党は勝ち続けるのか」『日経ビジネス』二〇二二年一二月二七日号）。

この調査の実施方法の手順は次のようなものです。すなわち、政策を「コロナ対策」「外交・安全保障」「経済政策」「原発・エネルギー」「多様性・共生社会」など五つの分野に分け、各分野に各党が二〇二一年総選挙で掲げた政策をランダムに割り振り、架空の政党の政策一覧表を作ります。そのようにして出来上がった架空の党の政策一覧表を二つ並べ、「どちらの党を支持しますか」と被験者に問うて、選択してもらうというものです。これを繰り返すことによって、政党名を抜きにして「どんな政策が支持されているのか、支持されていないのか」が明らかになるわけです。

この調査が明らかにしたのは、自民党の政策は大して支持されていない、というよりもむしろ、現在国会に議席を持つ国政政党のうちでかなり不人気ですらある、ということでした。とりわけ、原発・エネルギー政策や多様性・共生社会などの政策分野では、最低の数字をマークしました。逆に、二〇二一年総選挙で議席を減らした共産党の経済政策は、きわめて高い支持を受けています。

この結果は、私を含む政治学者たちの常識を粉々に打ち砕くものです。有権者は、どのような判断基準により投票するのか。候補者への漠然とした親近感や知人に投票を頼まれたなど、「有権者は合理的な判断により投票するものである」という民主主義の原則からすれば外れる事象はあるものの、有権者はおおむね政策を基準として投票先を決めているはずだ。そのような、政治学者が想定する常識的な前提は、現実と大きく乖離《かいり》していることが明らかになりました。早い話が、日本の多くの有権者は各政党がどんな政策を掲げているのかロクに見ていない、ということをこの調査は明らかにしました。

そして、自民党の政策は支持されていないのに、なぜ選挙で勝つのでしょうか。堀内氏らのグループは、もう一つの調査を実施しています。それは、先に説明した方法でつくられた、すなわちランダムにつくられた（言い換えれば、まったく出鱈目《でたらめ》につくられた）政策パッケージの一方を「自民党の政策」として提示し、先ほどと同じように、もう一つの架空の党の政策一覧表と並べ、どちらを支持するか選ばせたのです。

こちらの調査の結果もなかなかに衝撃的なものでした。それによると、どの分野のどんな政策でも、「自民党の政策」として提示されると、大幅に支持が増えたのです。日米安保条約を廃止するという、きわめて人気の低い共産党の外交・安全保障政策でさえも、「自民党の政策」として提示されると、過半数の被験者から肯定的な評価を得ました。

自民党の政策が支持を受けていないのに選挙をやれば勝つことの理由が、ここから見えてきます。政党の掲げる政策をほとんどロクに見ておらず、ただ何となく自民党に入れている有権者がかなり多くいる、あるいはそうした有権者が標準的な日本の有権者ではないのか、ということです。

これほどの政治的無知が最近始まったのか、それとも昔から存在しているのかについては、何とも言えません。ただ、はっきりしているのは、有権者の大半がこのように思考停止しているのであれば、そんなところで選挙などやっても無意味である、ということです。これはもう、野党の実力がどうだとか政策の打ち出し方がどうだとか以前の問題です。「いままでは自民党、これからも自民党」という観念に凝り固まった有権者が多数存在しており、そうした「政権担当能力は自民党にしかない」という、コロナ禍によっても完全に根拠なしと証明されたはずのイメージは、ここ一〇年余りの間にかえってますます強固になったと考えられます。

維新の会とデモクラシー

このような状況下で、二〇二一年衆院選で躍進したのは、日本維新の会でした。これにより同党は、立憲民主党にとって代わって野党第一党の座をうかがおうとしています。この現象も、日本の有権者の状態を物語るものです。

維新の会の政治や同党所属の政治家の行状について、ここで詳論する必要はありません。同党の統治能力の実態は、今回のコロナ禍により、大変不幸な仕方で十分に証明されてしまいました。大阪府の新型コロナによる死亡率が全国一高いという事実が、二〇〇八年に橋下徹《はしもととおる》氏が大阪府知事に就任して以来の維新政治の結果です。同党の標榜《ひょうぼう》する「身を切る改革」なるものによって公的医療、行政リソースが縮減され、この惨たる結果を招いたことは否定しようがないでしょう。

そんな維新の会が、吉村洋文《よしむらひろふみ》大阪府知事の「コロナ対策でよく頑張っている」との評価によって得票を伸ばしたのですから、もうこの状況はジョークとしか言いようがありません。

こうした印象づけに寄与した、というかヴァーチャルリアリティをつくり出したのは、在阪《ざいはん》メディアであるといって間違いないでしょう。私は京都に在住しており、大阪のテレビ局の電波が入っているのでよくわかりますが、感染拡大が生じると吉村府知事はワイドショーを中心に各局をハシゴするように出演し続けました。その際、必死な表情を浮かべながら、用意された原稿を棒読みすることもなく、行動規制や営業規制に協力してくれるよう低姿勢で視聴者にお願いを繰り返しました。それだけを見れば、感じは良かったわけです。

しかし、いくら感じが良くても死亡率全国一という最悪の結果の責任を逃れうるわけがありません。本来メディアは、吉村氏を出演させるならば、この悪い状況について見解をただし、責任を問うべきでした。しかし、番組の司会者や出演者のほとんど誰もそうした発言をしません。大阪府がコロナ死亡率で全国ワーストだという基礎的事実すら、地元で広くは知られていません。報道されないからです。こうして、在阪準キー局のつくるテレビ番組はすべて事実上の吉村応援団と化し、視聴者には「吉村府知事はよく頑張っている、維新は頼りになる」との印象だけが残りました。

先ほど、有権者の思考停止により、自民党は政策面では支持されていないにもかかわらず大量得票していると指摘しましたが、そうした惰性的な自民党支持から脱した有権者の多くが向かっている先は、似たような別の嘘にすぎませんでした。

こうした無知とフェイクに支配された状況は、しばしば「民主制の危機」であるとか「民主制の堕落態としての衆愚制」であると評されます。確かに、普通選挙を必須要件とする近代の大衆デモクラシーは、有権者が正確な情報に基づいた熟慮により投票先を決める（はずだ）という前提に立っています。あるいは、この前提があまりに理想化されすぎたものであるとしても、少なくとも有権者はそうした理想の状態に近づこうと努力している、ということを前提としています。有権者は合理的であると見なすに値するほど成熟している（少なくともその可能性がある）と前提しなければ、普遍的に参政権を付与する道理が見当たりませんし、国民主権を謳《うた》う道理もありません。成熟を参政権の前提としていることは、一八歳未満の子供たちには参政権が与えられていないことからも証明されます。

ですから、こうした前提からすれば、現在の日本のデモクラシーは、その本来の在り方から滑り落ちてしまった堕落態であり、危機に陥っている、ということになります。

しかし、この常識的な見方は本当に正しいでしょうか。政治における、いわゆるポスト・トゥルースの状況については、アメリカにおけるトランプ政権の成立をはじめとして、地球上の多くの場所で指摘されています。ＩＴ革命から二〇年以上が経過し、情報の流通量が爆発的に増加すると同時に、その発信と受容の方法も劇的に変化してきたなかで、大昔からあるデマ、流言飛語を権力者が政治資源とすることが大々的かつ常態化した状況を、それは指しています。

この点について、経済思想家の佐伯啓思《さえきけいし》氏は鋭い見方を示しています。すなわち、こうした状況は、本来のデモクラシーが堕落した非本来的な状況なのではなく、むしろ反対に、デモクラシーの本質が開示された状況、つまり本来的な状態である、いわゆる民主主義の危機なるものは、民主主義が深化したからこそ現れているのだ、と（佐伯啓思『近代の虚妄　現代文明論序説』東洋経済新報社、二〇二〇年を参照）。

この論点をめぐって佐伯氏が参照しているのは、ソクラテスとプラトンです。当時のアテナイでは民主制が敷かれた結果、ソフィストたちが活躍しました。ソフィストとは、「何が真であるか」には興味がなく、「真であるように見せる」術《すべ》に長《た》け、その術を煽動《せんどう》政治家に教えることを生業《なりわい》としていた人々です。このソフィストたちに対抗して、ソクラテスは「何が真であるか」を探求すること、「愛・知」（フィロ・ソフィア）を唱えソフィストたちの虚偽を暴いたので、それによって恨みを買い、死に追い込まれました。

なぜ、民主制が敷かれるとソフィストが跋扈《ばっこ》するのか。それは、とどのつまり民主制とは多数派獲得競争を原理とするものだからです。大多数の人が「正しい」と思ったからといってそれが本当に正しいとは限らない。しかし、民主制においては多数者の意見・意思・見解が事実上「正しいもの」として通用します。ゆえに、本当の正しさよりも多くの人にとって「正しく見える」ことを演出する能力に長けた人々（＝ソフィスト）が、あたかも賢者であるかのように見なされ、政治的にも重要な働きをすることになるわけです。このソフィストたちの虚偽を暴く術がソクラテスの対話であり、愛・知の実践であったわけですが、こんなことをやられてはソフィストたちとしては商売あがったりですから、やっつけることにした。イデア論を基軸とするプラトンの哲学は、師ソクラテスをほふったアテナイの民主制に対する巨大な憤りを動機としています。

このように、古代ギリシャにおいてすでに、民主制の危険はすでに気づかれており、それに対する厳しい批判もなされていました。ですからこれは、もう見慣れたと言うべき光景なのですが、同じことが繰り返されているわけです。吉村府知事がコロナ対策を本当に頑張っているかどうかはどうでもよい、維新の会が取り仕切ってきた行政の不手際により避けられた犠牲がどれほど出ているのかはどうでもよい、頑張っているように見えること（だけ）が大事なのだ、というわけです。

そして、維新の会の創設者、橋下徹氏は、今日もまたテレビ画面のなかで森羅万象について語り尽くしています。

二〇一二年体制と近代国民国家の終わり?

右に述べてきた民主制そのものがはらむ本源的な危険性を思うとき、近代とは随分とリスクの高い賭《か》けをやってきた時代なのだな、と思わざるを得ません。近代は、行きつ戻りつはあるものの、全般的傾向としては大衆参加による民主主義を拡大してゆく過程だったからです。

すでに述べたように、この大衆民主主義は、国民大衆の主権者たる自覚、主権者にふさわしい知的および公民的成熟(少なくともその可能性、また意欲)を前提とします。この難しい前提の実現に賭けたのが近代という時代でした。ですが、今日の日本で、この前提が満たされているとは思えません。そのとき現れるのはもちろん、衆愚制です。近代の賭けは、負けで決着がつきつつあるようにも見えます。

ところで、日本でも一〇〇~一五〇年前の時代には、保守派はしばしば、国民の未成熟を理由として参政権の拡大に反対してきました。愚民に決定権を与えたら大変なことになる、というわけです。しかし、愚民呼ばわりされた人々が要求の声を取り下げることはなく、大正デモクラシーの激しい闘争を経て男子普通選挙権が、そして敗戦という巨大な代償と引き換えに婦人参政権も獲得されました。

こうした過程を、保守派が結局は押しとどめることができなかったのは、近代の国民国家は本質的に啓蒙《けいもう》主義的だからです。すなわち、国民国家は、一部のエリートではなく全国民が社会的・経済的活動に積極的に参加し（一億総活躍！）、それによって国を富ませるということに、全国民を動員するからです。総力戦体制が極端な事例ですが、国民国家は根源的に動員国家なのです。国民全員の総力がその国の力の源であるとされます。

ですから逆に、為政者が、その方が統治は容易だからといって愚民化政策を採ると、国民全体のパフォーマンスが低下し、国運が衰微します。ゆえに、近代国民国家の為政者は、たとえ愚民観に凝り固まった保守派であっても、教育機関を整備するなどして国民を鍛えて諸能力を向上させる事業をやらないわけにはいかない。言うなれば、為政者は啓蒙主義者であることを強いられるのです。

この啓蒙主義は、国民国家の動揺に伴って揺らぎます。二〇一二年体制の時代は、グローバリゼーション以降の国民国家の動揺の時代の只中《ただなか》にあります。

この一〇年の日本の政治を考察する上でのキーワードの一つは「反知性主義」でしたが、

それには必然性があります。国民国家という仕組みが立ち往かなくなるとすれば、支配層が全国民のレベルアップを図ること、啓蒙主義者たることを自らに義務として課さなくなります。ごく少数の支配エリートと大多数の愚民という人口構成でよいではないか、という考え方が台頭してくるのです。

小泉純一郎政権期に郵政民営化をめぐって流出した、広告会社作成の資料における「B層」（「IQが比較的低くかつ小泉構造改革を何となく支持する層」と定義された）という概念と、「人口の最大のボリュームゾーンであるB層の心を摑め」というアドバイスは、この世界観を例証しています。

小泉政権から約二〇年を経た現在、第二次安倍政権以降、きわめて見え透いた反知性主義的動員の顕著な増大を指摘せざるを得ません。

安倍首相と芸能人の会談や会食の場面が頻繁にSNS等を通じて発信され、テレビ番組をその所属芸能人が埋め尽くしている観のある吉本興業が政府の仕事を大量に受注する一方、安倍首相本人がなんばグランド花月《かげつ》で吉本新喜劇に出演するなど、異常なまでの蜜月《みつげつ》ぶりを示したこともありました。特定企業が政権と緊密な関係を築いて癒着するという現象は古来ありふれた現象ですが、情報サービス、とりわけエンターテインメント産業の特定企業が戦時でもないのにこれほどあからさまに政権と癒着したのは、新しい現象であったと言えます。無論、これは吉本芸人が出演するコンテンツの受容層を冷徹に見据えての戦略です。

これに加えて、安倍政権下では若年層全体に対する「対B層戦略」の駆使が顕著になりました。それが明白に現れたのは、平成から令和への改元を機に展開された、若年層をターゲットとする自民党のアピール・キャンペーンにおいてです。

途方もないシニシズムが駆動していた

三つの企画が大きな話題となりました。一つ目は、講談社の若年女性向けファッション誌、『ViVi』において、女性モデルたちが、「みんなはどんな世の中にしたい？」なるテーマに沿って、それぞれの「思い」を「英語で」言い表したキャッチフレーズが書き込まれたTシャツを着てポーズをとっているというものでした。

「#自民党2019」と銘打って、自民党の存在を公然とアピールしたこのキャンペーンに違法性はないのか、講談社のスタンスにメディアが守るべき規範からの逸脱はなかったのか、といった議論は本質的ではありません。

重要なのは、ここで打ち出された「どんな世の中」の内容が、自民党のコアな価値観とはかけ離れたものであったことです。その内容とは、「Diversity　いろんな文化が共生できる社会に」「Express Yourself　自分らしくいられる世界にしたい」といったものであり、同キャンペーンのウェブサイトにも「権利平等、動物保護、文化共生」といったフレーズが並んでいました。要するに、総じて「リベラルな」価値観を謳うフレーズばかりが提示されていたのです。

自民党の政治家とその支持者たちのなかに根深く巣食っている排外主義、女性嫌悪、人権蔑視《べっし》、個性否定といったものの存在に鑑《かんが》みれば、このキャンペーンはおぞましいとしか言いようがありません。そのおぞましさは、ここにある途方もないシニシズム（冷笑主義）から発せられるものです。要するに、『ViVi』のモデルたちも、その読者も、無知の塊にすぎないのだから、今の世の中で何となく「良い」と思われている価値観を自民党が応援しているかのように演出すれば、フワッと自民党支持になびくだろう、というわけです。

そして、二番目は、ダンスなどさまざまな特技を持った子供たちと安倍首相のコラボレーション広告です。「子供たちに慕われ、子供たちを愛する指導者」という図像は、独裁

子ども達との撮影の一例。伊勢神宮参拝後、ボーイスカウトの少年らと記念撮影する安倍氏。2017年1月4日。朝日新聞社提供

権力の好む古典的な構図です。ヒトラーやスターリンは、盛んにこの手法を用いました。これを作成した広告のプロたちが、この歴史的事実を知らなかったはずはありません。まさに、「臆面《おくめん》もなく」という言葉がこのキャンペーンには当てはまりますが、そうした批判も大して出てくるまい、と今日の日本社会の質を見切った上で、これはつくられたのでしょう。言うまでもなく、このような「子供たちへの配慮」の絵柄は、日本の公的な教育支出の少なさ（OECD諸国平均を大きく下回る）や少子化対策の乏しさと甚だしく矛盾するものです。

三番目は、若年層に人気のサブカルチャーとのコラボレーションです。本書では詳述できませんが、この一〇年の間にもますます一層隆盛をきわめている、アニメを中心としたサブカル・オタクカルチャーの一部と、二〇一二年体制との親和性が高いことは重要です。その理由について、本格的な分析はまだ提示されていないように思われますが、サブカルの若年層への浸透と、同じ年齢層における自民党への支持率の高さには、何らかの相関関係がありそうです。

一つの仮説として考えられるのは、サブカル愛好者の極一部に見られる、甚だしい女性嫌悪や女性の性的物象化は、自民党を支持する心理と通底するのではないか、ということです。

プロパガンダの代表例となったスターリンと少女の写真。この後、少女の両親は殺された。©Henry Guttmann Collection/Hulton Archive/Getty Images

「普遍的価値に基づく〈正論〉が嫌い、権利主張が嫌い、権力批判が嫌い、だから野党が嫌い」といった、長年の経済低迷による未来の暗さへの予感と、さらに長年の歪《ゆが》んだ対米従属体制が育《はぐく》んだ複雑骨折状態にある精神は、とどのつまり、権威主義的パーソナリティーに結晶します。サブカルチャーの一部は、本来のカウンターカルチャーとしての力を失い、時にスポーツ界や体育会系組織に見られるような権威従属カルチャーに似たものと化してしまっており、二〇一二年体制としては、これを愛好する層からの確かな支持を期待できるわけです。

なお、このようなサブカル愛好者を批判する人の一部には、国家・行政による表現規制の強化を主張する人がいます。公権力による表現の規制は本来最後の手段であるべきで、それを積極的に導入することで正義を実現しようという発想には、危ういところがあることを指摘しておきたいと思います。

さて、自民党が実際に打ったキャンペーンは、より漠然と、「若者はサブカルが好きだ。だから、サブカルと絡めて宣伝しよう」という程度のものでした。こうした若年層への働き掛けは、これも二〇一二年体制下で実現された一八歳選挙権と通じるものであったでしょう。

有権者年齢の引き下げは、社会全体からおおよそ歓迎されましたが、よく考えれば、まことに奇妙な出来事でした。日本の議会政治の全歴史を俯瞰《ふかん》すれば、この国の政府が有権者人口の拡大にいかに後ろ向きであったかは、明白です。

一八九〇年に帝国議会が開設された当初は、納税額による参政権の厳しい制限があり、激しい社会的闘争を通じて、徐々に規定納税額が引き下げられ、男子普通選挙が実現したのは、議会開設から三五年を経た一九二五年のことでした。そして、先にも述べたように、婦人参政権は敗戦の惨禍を代償にして得られたものです。実に長い間、多くの国民は、納税の義務を負わせられながら、また男子の場合は徴兵の義務も背負わせられながら、参政権はまったく与えられていなかったのです。

そうした歴史のなかで、国家権力の側が自発的に有権者を拡大するとはどういうことなのでしょうか。「自発的」というのは、この場合の当事者（二〇歳未満の若者たち）から「私たちにも参政権を付与しろ」と要求する運動など、存在しなかったからです。

有権者年齢の引き下げに関する提案は以前からありましたが、長年それは与野党双方から捨て置かれた状態にありました。ところが、何ら要求の声などないのに、自民党はこの問題を突然取り上げ、一八〜一九歳の国民に権利を与えることにしました。つまり、ここにあるのは、計算高いマーケティングです。「若年層は特に知識も考えもあるわけでもなく、何となく自民党を支持している、だから若年層に有権者を広げれば、有利だ」、と。ここで若年層は、「主権者」ではなく、徹底的な操作対象として見られています。

以上のように見てくると、自民党の若年層への働き掛け方の本質が見えてきます。要するにそれは、すべての若者はB層でいてくれ、B層として永久に騙《だま》され続け、体制を支持してくれ、ということです。小泉政権期に公然化した「B層に依拠する政治」は、将来世代をすべてB層化するという姿勢にまで深化しました。

このことは、啓蒙主義を放棄した国家権力がここまで深いシニシズムに陥ることを証示していると同時に、ポスト国民国家の国家（この新しい国家形態にはまだ名前がありません）が、どのように国民を扱うのかを示していると言えます。

コロナ禍と医療専門家

右に見てきたデモクラシーの状況こそが、二〇一二年体制をつくり出し、それを持続させてきたものにほかならないでしょう。ひとことで言えば、二〇一二年体制とは日本社会の全般的劣化の産物であると言うほかありません。この劣化が引き起こす凶事は、本来起きるべき政権交代が不可能になり、それによって権力の固定化がもたらされ、権力の腐敗が招かれる、といった事柄にとどまりません。

社会の劣化は、新型コロナによる危機において、医療や医学という専門知の分野においても明瞭《めいりょう》に姿を現し、それがコロナ対策の体制が一向に合理化されない一因となり、犠牲者を増やす結果にもつながりました。

序章でも触れましたが、日本の新型コロナ対策は、のっけから躓《つまず》きました。その最大の要因は、ＰＣＲ検査の抑制という世界に類を見ない誤った方針であり、この方針を主導した主犯は、厚労省の医系技官ならびに彼らと利害上・人脈上の深いつながりを持つ「感染症ムラ」の関係者たちでした。

こうして、ＰＣＲ検査抑制論と推進論の争いが始まりました。私は感染症について特別詳しいわけでもありませんし、検査方法について詳しいわけでもないので、論争が始まった当初は、検査技師数も少ないのでは抑制論にも一理あるのかな、という印象を持っていました。しかし、諸外国の実践の情報が伝わってくるなかで、また日本国内でＰＣＲ検査を拡大せよとの論陣を一貫して張ってきた人々の主張を理解するにつれて、抑制論がどれほどの曲論であるかを理解しました。感染症対策の原則は「検査と隔離」であるわけですが、検査により感染者を発見しなければ隔離もできるはずがない。ＰＣＲ検査の抑制は、日本におけるコロナ対策を原理原則の次元で出鱈目なものにしてしまいました。

ＰＣＲ検査抑制論と推進論との争いを観察していて驚かされたのは、特にＳＮＳ上などで、感染症ムラと特段の利害関係などあるはずもない医療関係者（自称も含む）が、ＰＣＲ検査抑制論の立場に立って積極的に情報発信し、抑制論に対する批判をしばしば口を極めて罵倒《ばとう》していた光景です。

今となっては抑制論など屁《へ》理屈でしかないことが明らかですが、考え込まされるのは、直接的な利害関係があるわけでもないのに抑制論を声高に唱えていた医療関係者の動機は何であったのか、ということです。これらの「論客」は、医療の専門家ではあっても、今次の感染症大流行については何らの専門知も持っていなかったことは明らかでした。そうした人々が、何の実利も見込めないにもかかわらず、政府の主導するＰＣＲ検査抑制論を懸命に擁護したのです。専門知識に基づいて世論を善導したいという動機もなく、曲論を弄《ろう》することから得られる実利もないとすれば、残る動機は、大きなもの（国家権力）との自己同一化を通じて、大きなものに反対する者たち（ＰＣＲ検査推進論者）を貶《おとし》めたいという欲望を満足させることだけです。

つまり、ここに見て取れるのは、これらの専門家の極端なまでの権威主義的パーソナリティーです。

今回のコロナ禍は、こうした権威主義的パーソナリティーの持ち主が、専門家（この場合は医療専門家）のあいだで大量に存在する、という事実を明るみに出しました。仮に、すべての医療関係者が国家の宣伝に惑わされることなく、「検査と隔離」の大原則と矛盾する抑制論に対して抵抗・抗議していたならば、厚労省、とりわけ医系技官たちは、方針転換をもっと強く迫られたでしょう。もしそうなっていれば、もっと真っ当な検査体制がつくられたかもしれません。検査の問題をはじめとして、日本のコロナ対策体制がいまだに矛盾に満ちたものであることの主要な責任は、官僚機構と政権に帰せられるべきものであるとしても、この体制の不備と不条理は、劣化した市民社会にふさわしいものであるのです。その劣化の度合いは、私たち一人一人の生命と健康を脅かすものにまで高まってきました。

おわりに

ここまで論じてきたところから明らかであるのは、次のことでしょう。すなわち、現在の日本の統治の崩壊という状況は、小手先の政治の変化によって解決できるようなものではない、ということです。

二〇一二年体制は、戦後日本社会全般の行き詰まりと劣化の産物そのものでした。したがって、この劣化の傾向に歯止めが掛けられない限り、本質的な意味での政治の転換は起こりようがありません。また、その行き詰まりと劣化は、戦前以来の体制が敗戦後の民主化を経ても生き残ってしまったという歴史的事情に根差す一方で、アメリカの相対的衰退、中国の台頭、グローバルな経済構造の変化、国民国家システムの機能不全といった、新しい状況にも根差しています。ゆえに、一体どこから手を着ければよいのかわからないほど複雑に、多種の困難が折り重なっています。

それら一つ一つに言及して具体的な処方箋《しょほうせん》について検討するには紙幅が足りませんし、それぞれの分野の専門家が知恵を出し合って考えるべき問題でもあるでしょう。ここでは、こうした全き閉塞《へいそく》に落ち込んでしまったマインドセットがどういうものであるかを考えたいと思います。

二〇二二年二月二四日にロシア軍がウクライナに全面侵攻を開始し、世界を驚愕《きょうがく》させました。この決定は、プーチン大統領の独断によるものだと考えられています。そのプーチン氏といえば、二〇一二年体制の主役、安倍晋三氏が二七回も会談した相手です。二〇一九年九月五日のウラジオストクでの会談後には、安倍氏は「ウラジーミル、君と僕は同じ未来を見ている」、「ゴールまで、ウラジーミル、二人の力で、駆けて、駆け、駆け抜けようではありませんか」と安倍氏は宣《のたま》い、その文言の気色の悪さによって、まともな神経の持ち主を凍りつかせました。

こうした事情から、反安倍的心情を持つ人々は、「安倍は今こそモスクワに乗り込んでプーチンを説得すべきだ」と言ってからかっています。それはもちろん、安倍氏の対露交渉が結局は散々な失敗に終わったことを知っており、安倍氏は何やらプーチン氏と心が通じていると自己演出していたが本当のところはまともに相手にもされていない、したがって、安倍氏がプーチン氏を説得して戦争を止めさせることなどできるはずがない、と知った上でのことです。

そこで興味深いのは、大勢いるはずの安倍支持者たちから「安倍さんならプーチンを説得できる、モスクワに行ってくれ」という声がほとんどまったく上がってこないことです。つまり、第四章でも述べたように、「安倍晋三をモスクワへ」は所詮《しょせん》冗談でしかなく、核戦争の可能性までが取り沙汰《ざた》されている今は冗談を言っている場合ではない、と安倍支持者ですら実は思っている。

しかし逆に見れば、ロシアのウクライナ侵攻前までは冗談が許されたので、「外交の安倍」「あのくせ者のプーチンと特別に親密な関係を築いた有能な安倍晋三」という冗談が飛び交っていたというわけです。

ここに重要なポイントがあります。すなわち、安倍批判者たちの安倍評価はきわめて低く、「安倍晋三は嘘つき、愚劣、卑怯《ひきょう》、無責任である」という見方で一致しています。しかし、今「プーチンの心を変えられるのは安倍さんだけ」との声が少しも上がってこないことが物語るのは、安倍支持者たちの安倍評価も実は高くはなかったのだ、ということにほかならないでしょう。言い換えれば、安倍支持者たちの安倍支持は、冗談でしかなかった、ということです。そしてそれは、当然のことでもあります。深呼吸をして冷静に事実を検証してみれば、安倍氏は最低に下らない政治家であり、彼の築いた二〇一二年体制が愚の骨頂であることは、誰にでも理解できることです。

私はここに、二〇一二年体制を支えてきたものの中核を見ます。それは完成されたシニシズムであると言えるでしょう。「安倍首相は日本の救世主」もネタであり、「ニッポン、スゴイ」もネタであり、「オリンピックで日本復活」もネタであり、すべてはネタにすぎません。自らを取り巻くおよそあらゆる事柄が、真剣に受け取るべきものではないものとして、自意識によって消費されるような精神状態が、シニシズムの極致です。

このシニシズムがどこから来たのか、何を養分として成長しているのかについては、本格的な考察が別途必要となるでしょう。現状を見る限り、大衆のシニカルな自意識を満足させる餌を投げることに長けた人々が、政治的に勝利を収め続けています。この状況を短期間かつ何らの犠牲も払わずに終わらせられるとは思えません。

しかし、このシニシズムの泥沼から脱け出すことを呼び掛けている政治家もいます。あるいは、コロナ禍に対する国家レベルでの対応が失策を繰り返すなかで、時には国からの指示に逆らいながら検査を拡充し、独自の医療体制を築いて、被害を食い止めた自治体の長もいます。要するに彼らは、事象の根本に即してやるべきことをやっているのです。

今日本人が問われているのは、各人がそれぞれの持ち場で、その持ち場が本質的に要求することをどれほど真剣にやり遂げられるか、ということではないでしょうか。それは、逆の角度から言えば、無用なこと、間違ったことをやらせる命令を拒否する、ということでもあります。そのような拒絶が、社会的、倫理的な抵抗の第一歩なのです。

私たちは、抵抗することをあまりにも長い間忘れてきてしまいました。そしてそれは、倫理的頽廃《たいはい》にほかなりません。この頽廃を基盤として、腐敗の大輪を咲かせたのが、本書が主題としてきた二〇一二年体制でした。

今必要なのは、この基盤を今度は私たちが一歩一歩腐食させることなのです。

あとがき

本書はこの一〇年近くの日本政治の低迷、というよりも転落を概括的に論じました。もちろん、その政治の中心には、自民党が鎮座しています。いま円安が止めどもなく進んでいますが、日銀に打つ手はありません。いよいよアベノミクスというマヤカシのツケを払わせられるときがきたのです。

言うまでもなく、問題は経済だけではありません。この一〇年のうちの七年以上にわたって継続した安倍晋三政権は、内政も外政もただひたすら出鱈目《でたらめ》をやっただけでした。結果、日本の統治は崩壊しました。その罪は万死に値します。二〇一二年の一二月、私は、安倍政権の成立を横目に見ながら『永続敗戦論』の原稿を書いていました。書きながら、「最悪にロクでもない政権が成立し、最悪にロクでもない政治が行なわれるだろう」、と確信していました。なぜそうなるほかないのか、その理由の本質的な部分は、同書の原稿にすべて書いています。そして、現実はその通りになりました。

あらためて驚くべきは、このひどい政権を、マスコミをはじめとして日本社会が翼賛したことです。「アベノミクス」やら「地球儀外交」やらといった、首相官邸のでっち上げた軽薄なキャッチフレーズを、メディアは伝動ベルトとなって無批判に垂れ流しました。正確に言えば、最初の時期は批判的なメディア人もいましたが、そうした人々は発言の舞台を徐々に奪われ、表舞台には提灯《ちょうちん》持ちだけが残されました。かくして、まともな情報は遮断され、やれ改元だ、やれオリンピックだ、と騒ぎ立てるわめき声だけがテレビからは発せられるようになりました。今年に入ってロシアがウクライナに侵攻すると、その同じテレビが、「国に乗っ取られたテレビのプロパガンダを信じ込まされているロシア人は哀れだ」などと言っている光景は、愚の骨頂、天に唾するとはこのことだと言わなければなりません。

このようにして、言うなれば、構造化された愚かさがこの一〇年の日本には根を張ってしまいました。ここまで来ると、もはや「政治が悪い」とだけ言って済まされる状況ではありません。政界、官界はもちろんのこと、財界、市民社会もまた、倒壊寸前のレベルにまで劣化してしまっています。これが全体的構造であるからこそ、「体制」と呼ぶに値するのです。

それを本書では「二〇一二年体制」と呼びましたが、それはまた「長期腐敗体制」でもあります。「二〇一二年体制」という、大変適切で有効な概念を発明してくれた中野晃一氏に感謝したいと思います。

本書が店頭に並ぶのは、参議院選挙が迫って来る時期となるでしょうが、この「体制」と本気で戦う勢力を伸長させなければ、いよいよ国家と社会の倒壊は進むでしょう。

最後に、本書の編集を担当したのは、岸山征寛《きしやまゆきひろ》氏です。なかなかスケジュール通りに作業を進められない筆者に辛抱強く伴走してくれた岸山氏に心よりお礼を申し上げます。

二〇二二年四月二〇日

白井　聡

参考文献一覧

〔書籍〕

青木理『安倍三代』朝日文庫、二〇一九年
明石順平『アベノミクスによろしく』集英社インターナショナル新書、二〇一七年
明石順平『財政爆発――アベノミクスバブルの破局』角川新書、二〇二一年
安倍晋三『美しい国へ』文春新書、二〇〇六年
井上智洋『MMT 現代貨幣理論とは何か』講談社選書メチエ、二〇一九年
内田樹『戦後民主主義に僕から一票』SB新書、二〇二一年
翁長雄志『戦う民意』KADOKAWA、二〇一五年
上昌弘『日本のコロナ対策はなぜ迷走するのか』毎日新聞出版、二〇二〇年
軽部謙介『官僚たちのアベノミクス――異形の経済政策はいかに作られたか』岩波新書、二〇一八年
軽部謙介『ドキュメント 強権の経済政策――官僚たちのアベノミクス2』岩波新書、二〇二〇年
岸信介・矢次一夫・伊藤隆『岸信介の回想』文春学藝ライブラリー、二〇一四年
古賀茂明『日本中枢の崩壊』講談社文庫、二〇一三年

後藤逸郎『亡国の東京オリンピック』文藝春秋、二〇二一年
駒木明義『安倍vs.プーチン——日ロ交渉はなぜ行き詰まったのか?』筑摩書房、二〇二〇年
佐伯啓思『近代の虚妄——現代文明論序説』東洋経済新報社、二〇二〇年
佐藤章『職業政治家 小沢一郎』朝日新聞出版社、二〇二〇年
佐藤優『国家の罠——外務省のラスプーチンと呼ばれて』新潮文庫、二〇〇七年
佐藤優『獄中記』岩波現代文庫、二〇〇九年
猿田佐世『自発的対米従属——知られざる「ワシントン拡声器」』角川新書、二〇一七年
白井聡『永続敗戦論——戦後日本の核心』講談社+α文庫、二〇一六年
白井聡『戦後政治を終わらせる——永続敗戦の、その先へ』NHK出版新書、二〇一六年
白井聡『国体論——菊と星条旗』集英社新書、二〇一八年
白井聡『増補「戦後」の墓碑銘』角川ソフィア文庫、二〇一八年
白井聡『主権者のいない国』講談社、二〇二一年
末浪靖司『「日米指揮権密約」の研究——自衛隊はなぜ、海外へ派兵されるのか』創元社、二〇一七年
瀬木比呂志『絶望の裁判所』講談社現代新書、二〇一四年
ジョン・ダワー『吉田茂とその時代（上・下）』大窪愿二訳、中公文庫、二〇一四年
豊下楢彦『安保条約の成立——吉田外交と天皇外交』岩波新書、一九九六年

中北浩爾『自民党――「一強」の実像』中公新書、二〇一七年
中曽根康弘『天地有情――五十年の戦後政治を語る』文藝春秋、一九九六年
中野晃一『戦後日本の国家保守主義――内務・自治官僚の軌跡』岩波書店、二〇一三年
中野晃一『右傾化する日本政治』岩波新書、二〇一五年
中野晃一「菅内閣誕生で完成「2012年体制」の悪夢」47NEWS、二〇二〇年九月十七日配信
中野剛志『TPP亡国論』集英社新書、二〇一一年
中野剛志『富国と強兵――地政経済学序説』東洋経済新報社、二〇一六年
鳩山友紀夫・白井聡・木村朗『誰がこの国を動かしているのか――一握りの人による、一握りの人のための政治を変える』詩想社新書、二〇一六年
浜田宏一・安達誠司『世界が日本経済をうらやむ日』幻冬舎、二〇一五年
原彬久『岸信介――権勢の政治家』岩波新書、一九九五年
春名幹男『ロッキード疑獄――角栄ヲ葬リ巨悪ヲ逃ス』KADOKAWA、二〇二〇年
堀内勇作「マーケティング視点の政治学――なぜ自民党は勝ち続けるのか」『日経ビジネス』二〇二一年一二月二七日号、日経BP
牧田寛『誰が日本のコロナ禍を悪化させたのか？』扶桑社、二〇二一年
牧原出「自滅に向かう政治主導と『内政の司令塔』不在が招いたコロナ対策の破綻」『ウェブ論

座』朝日新聞社、二〇二一年五月八日
孫崎享『戦後史の正体』創元社、二〇一二年
松本俊一『増補・日ソ国交回復秘録――北方領土交渉の真実』朝日新聞出版、二〇一九年
望月衣塑子『武器輸出と日本企業』角川新書、二〇一六年
森功『官邸官僚――安倍一強を支えた側近政治の罪』文藝春秋、二〇一九年
若杉冽『東京ブラックアウト』講談社、二〇一四年
若杉冽『原発ホワイトアウト』講談社文庫、二〇一五年

〈WEB〉

「おじいちゃんの「秘密の話」」『NHK政治マガジン』二〇一八年一二月二六日。https://www.nhk.or.jp/politics/articles/feature/12509.html 二〇二二年五月一八日アクセス

本書の第一章から第四章は、二〇二一年三月から六月に朝日カルチャーセンター中之島教室で行なわれた連続講座「戦後史のなかの安倍・菅政権」の講義録を基にしています。これらの章を全面的に改稿した上で、他章を書き下ろしました。

白井　聡（しらい・さとし）
思想史家、政治学者、京都精華大学教員。1977年東京都生まれ。早稲田大学政治経済学部政治学科卒業。一橋大学大学院社会学研究科総合社会科学専攻博士後期課程単位修得退学。博士（社会学）。3.11を基点に日本現代史を論じた『永続敗戦論——戦後日本の核心』（太田出版、のち講談社＋α文庫）により、2013年に第4回いける本大賞、14年に第35回石橋湛山賞、第12回角川財団学芸賞を受賞。著書に『増補「戦後」の墓碑銘』（角川ソフィア文庫）、『未完のレーニン〈力〉の思想を読む』（講談社学術文庫）、『国体論 菊と星条旗』（集英社新書）、『武器としての「資本論」』（東洋経済新報社）、『主権者のいない国』（講談社）などがある。

長期腐敗体制《ちょうきふはいたいせい》

白井《しらい》　聡《さとし》

2022年 6月10日　初版発行
2022年 7月15日　4版発行

◆◇◇

発行者　青柳昌行
発　行　株式会社KADOKAWA
〒102-8177　東京都千代田区富士見 2-13-3
電話　0570-002-301（ナビダイヤル）

装 丁 者　緒方修一（ラーフイン・ワークショップ）
ロゴデザイン　good design company
オビデザイン　Zapp!　白金正之
印 刷 所　株式会社KADOKAWA
製 本 所　株式会社KADOKAWA

角川新書

ISBN978-4-04-082422-2 C0231